中南财经政法大学加强和改进大学生思想政治教育工作论文集之十五

|中南财经政法大学立德树人系列成果丛书|

守正·创新·发展

主 编／覃 红

副主编／余小朋 葛 明

辽宁师范大学出版社
·大连·

ⓒ 覃 红 2022

图书在版编目（CIP）数据

守正·创新·发展：中南财经政法大学加强和改进大学生思想政治教育工作论文集之十五/覃红主编；余小朋，葛明副主编．--大连：辽宁师范大学出版社，2022.8

ISBN 978-7-5652-3814-7

Ⅰ．①守… Ⅱ．①覃…②余…③葛… Ⅲ．①大学生—思想政治教育—中国—文集 Ⅳ．① G641-53

中国版本图书馆 CIP 数据核字（2022）第 120095 号

出 版 人：	王　星
责任编辑：	韩福娜
责任校对：	杨斯超
装帧设计：	叶杨杨
出 版 者：	辽宁师范大学出版社
地　　址：	大连市沙河口区黄河路 850 号
网　　址：	http://www.lnnup.net
	http://www.press.lnnu.edu.cn
邮　　编：	116029
营销电话：	（0411）82159126 82159915 82159912（教材）
印 刷 者：	武汉鑫佳捷印务有限公司
发 行 者：	辽宁师范大学出版社
幅面尺寸：	145mm×210mm
印　　张：	11.25
字　　数：	205 千字
出版时间：	2022 年 8 月第 1 版
印刷时间：	2022 年 8 月第 1 次印刷
书　　号：	ISBN 978-7-5652-3814-7
定　　价：	58.00 元

中南财经政法大学加强和改进大学生思想政治教育工作论文集之十五

守正·创新·发展

主　编：覃　红（党委常委、副校长）

副主编：余小朋（党委学生工作部、人民武装部部长）

　　　　　葛　明（党委学生工作部副部长、
　　　　　　　　　心理健康教育咨询中心主任）

目 录

思想教育篇

高校宣传思想工作的创新路径探究　　　　　　　　杜　玥 /3
基于教师发展视角的课程思政建设路径探析
　　——以中南财经政法大学为例　　　　　　吴佳欣 /13
新时代大学生政治认同路径研究　　　　周　琼　李雅琴 /26
以课程思政建设为抓手推动高校党建与教学科研双融合
　　双促进研究
　　——以中南财经政法大学金融学院为例　　　王秀景 /39
"三全育人"视域下高校学生管理与思想政治教育融合论析
　　　　　　　　　　　　　　　　　　　　　　韩　桢 /50
以心记情：疫情期间观察日记在网络思想政治教育中的运用
　　　　　　　　　　　　　　　　　　　　　　何　强 /68
铸牢中华民族共同体意识视域下大学生科学民族观的培养
　　路径研究　　　　　　　　　　　　尼加提·艾买提 /75

依托学术沙龙助推思想政治教育创新与发展

赵　君　韩怡萍　魏晨雪 /83

新时代大学生思想政治教育的创新与发展　　　李必成 /91

"三全育人"视角下高校资助育人长效机制的构建

石　凌 /100

构建中国特色话语体系，增强国际学术话语权的实现路径研究

杨　苗 /108

新形势下专业课程中塑造爱国主义与人文情怀的路径探析

胡万松　桂千尧　冯　玥 /115

党团建设篇

以研究生党建双创为契机，加强高校研究生党建工作

黄丽琼 /127

新形势下大学生入党积极分子教育培养"四全"论略

杨世武 /138

新时代学生党员引领力提升研究　　　褚晶晶 /151

结合经管学科特色助推青年团员思想引领提升

——以中南财经政法大学"读·讲·行"项目为例

李　芳 /161

高校基层党建与中华优秀传统文化互促互融有效路径研究

马　晴 /168

互联网时代高校辅导员网络党建工作研究

——以晓南初心工作室为例　　　水晶晶　张雯静 /177

党建引领学生社区网格化治理：内在机理与实施路径

张黎明　刘茂盛 /189

队伍建设篇

新时代高校辅导员思想引领力提升研究　　　　　　赵　晓 /201
高校辅导员运用大数据的思考　　　　　　　　　　穆　帆 /214
新时代高校辅导员素质能力提升研究　　　　　　　李　鑫 /228
新时代高校辅导员的职业认同和价值实现　　　　　孙林红 /236
守初心、担使命、勇担当
　　——争做新时代"四有"好导员　　　　　　　尤志兵 /249
本科生科研创新能力培养体系建设中"班导师＋辅导员"协同
育人机制研究
　　——以中南财经政法大学工商管理学院为例
　　　　　　　　　　　　　　　　　　　　　　曾　洁 /258

学生管理篇

大学生网络法治教育工作再思考　　　　　　　　　张　娇 /271
朋辈辅导在"00后"大学生心理健康教育中的效用研究
　　　　　　　　　　　　　　　　　　　　　　刘筱佳 /279
研究生教育国际化路径探析
　　——以中南财经政法大学工商管理学院为例
　　　　　　　　　　　　　　　　　　　　　　赵元元 /285

大学生时间焦虑的表现、成因与引导策略

陈　盈　方旭峰 /292

教育"新常态"下浅析研究生学风建设与学术创新

付慧娟 /302

工作案例篇

爱国力行

——疫情防控常态化背景下研究生思政工作

岳明泽 /311

赓续红色血脉　提升"十项能力"

——金融学院扎实推动党建工作质量提升　黄小妹 /316

春风化雨，润物无声

——学生工作案例　　　　　　　　　　杨　茹 /324

辩真理、答人生

——寻求国家奖学金答辩中的育人价值　胡　瑶 /331

构建有温度的朋辈心理支持圈　　　余金聪　葛　明 /340

思想教育篇

高校宣传思想工作的创新路径探究[①]

杜 玥

(党委宣传部)

高校承担着培养社会主义建设者和接班人的重要使命。做好高校宣传思想工作,事关党对高校的领导,事关全面贯彻党的教育方针,事关中国特色社会主义事业后继有人。2021年是中国共产党成立100周年,在全面建设社会主义现代化国家新征程的形势下,高校宣传思想工作也迎来了新的机遇与挑战。近年来,各高校普遍运用新媒体开展宣传思想工作,并取得了良好效果,但面对新形势,仍存在着工作理念、方式创新等方面的不足,这一定程度上影响了高校宣传思想工作的效果。如何快速适应国内国际形势变化,做好高校宣传思想工作,成为当下高校宣传工作者需要重点关注并解决

---

① 本文系2021年度基本科研项目("三全育人")一般项目"政治认同视域下高校习近平新时代中国特色社会主义思想宣传教育研究"的阶段性成果。

的问题。

一、高校宣传思想工作面临的挑战

网络技术的发展颠覆了传统的信息传播方式，从以门户网站为主的web1.0时代到以微博、微信、短视频为主的web2.0时代，人们能接触到的信息数量越来越庞大，而这些信息也越来越"短"，碎片化的信息传播已然成为当下的主流。一方面，碎片化的信息传播方式分散了大众的注意力，从而消减了传统媒体的权威，在"人人都有麦克风"的时代，官方媒体、传统媒体的话语权威和传播效能不断降低；另一方面，由于新媒体的不断兴起，普通人也能随时随地发表看法和观点，社会语境也变得逐渐多元。高校师生在平时的学习、工作中频繁地接触新媒体，已然成为使用新媒体的主体。海量、碎片化、多元的网络信息给高校宣传思想工作带来严峻挑战。

一是传统宣传思想工作模式遭受冲击。新媒体的普及直接改变了受众的信息接收习惯、互动方式等。过去，媒体格局比较单一，宣传思想工作也以简单的单向传播为主。现在，受众接收信息的渠道多元，受众还可以自主选择信息类型。面对网络上的海量信息及受众越来越分散的注意力，传统的工作模式明显无法适应受众信息接收习惯变化的新情况。高校宣传思想工作必须创新工作模式，更好地把握师生的思想动态，不断探索适应网络新媒体发展，同时适应师生思想动态、信息接收习惯特点的新方法。

二是不可控因素增多，舆情易发。在新媒体环境下，由于信息发布的门槛降低，真实的虚假的、理性的激进的、导向正确的与错误的信息同时充斥网络。加之外部环境影响，舆情的管控、引导难度进一步加大。高校师生中使用新媒体的比例较高，容易受外部舆论环境影响，这些情况进一步凸显了高校宣传思想工作的重要性，同时也使高校宣传思想工作的难度进一步提升。因此，要做好高校宣传思想工作就必须把握时代大势，抓住关键节点，充分利用新媒体规律，占领新媒体舆论阵地，从而牢牢把握宣传思想工作的主动权。

三是传播内容更加多元，工作难度增加。传统的宣传思想工作形式以文字为主，较为单一。在新媒体的影响下，宣传思想工作的内容和形式不断丰富，也不断加入图片、短视频的形式，例如"一图读懂××""一分钟带你读懂××"等。内容和形式的变化要求相关工作人员加强协作，提升工作能力。以往一篇文章仅需一到两个工作人员，而图文、视频制作难度较大，往往需要多个工作人员协同配合。同时，还有很多工作人员无法及时掌握新媒体的宣传技能。传播内容的多元化无疑给宣传思想工作人员提出了更高的要求。做好高校宣传思想工作必须加强对相关工作人员的技能培训，并且改善管理机制，提升宣传团队的协同配合能力。

二、高校宣传思想工作发展现状

（一）高校新媒体矩阵形成

中国互联网络信息中心（CNNIC）发布的《第47次中国互联网络发展状况统计报告》显示，截至2020年12月，我国网民规模达9.89亿，互联网普及率达70.4%；手机网民规模达9.86亿，网民使用手机上网的比例达99.7%。这表明手机上网已然成为当下上网方式的主流，依托移动端的微博、微信、抖音等"微"平台，正在改变人们获取信息、沟通交流的方式。高校集中了大批知识分子和青年学生，他们对新事物的接受、适应程度较高，有数据显示，新媒体在高校师生中的覆盖率已达100%。

近年来，为顺应新媒体的飞速发展及师生信息接受方式的改变，全国高校陆续开始建设各类新媒体平台，微博、微信已成为各大高校新媒体矩阵的标配，也有越来越多的高校开始进军短视频平台。2021年1月26日抖音官方发布的《2020抖音大学生数据报告》显示，截至2020年年底，抖音在校大学生用户数已超过2600万，占全国在校大学生总数的近80%。同时，北京大学、清华大学等94所"985""211"高校，均已在抖音开通了官方账号。

习近平总书记强调："宣传思想工作是做人的工作的，人在哪儿重点就应该在哪儿。"新媒体已成为在校大学生最重要的自我表达平台之一，因此，高校宣传思想工作者要进一步增强新媒体意识,着重提升图文、短视频制作水平,运用丰富的内容和创新的形式,牢牢把握舆论宣传的主导权。

(二)高校宣传思想工作的转变

各大高校面对日新月异的互联网发展,纷纷开始主动寻求变革和创新,这些工作上的创新变革,为宣传思想工作的完善提供了有利条件。

在传播渠道方面,高校宣传思想工作的传播载体由传统的校报、广播台、电视台、宣传栏等过渡到以网络新媒体平台为主。新媒体平台弥补了传统媒体在时间、空间上的局限,填补了高校师生在寒暑假接受宣传思想教育的空白。同时,传统的传播渠道只能自上而下地传输官方声音,而在新媒体平台上,师生享有平等的"权利",能够与官方平等互动,增强了宣传思想工作的感染力。

2020年,受疫情影响,国内众多高校转为线上教学。在这一特殊时期,新媒体平台发挥出更大优势,纷纷推出了"云课堂""云家访""云毕业"……分散在各地的同学们通过网络学习知识,通过学校微信、微博、新闻网等了解学校近况,共同为全国抗疫加油打气。疫情期间,全国众多高校利用新媒体平台,通过文字、图片、视频、直播等方式积极做好宣传思想工作,新媒体在高校宣传思想工作中的利用率进一步提升。

(三)高校宣传思想工作存在的不足

互联网时代"以内容为王",只有优质的内容才能提升传播效果。但高校的宣传思想工作由于种种原因，在内容方面还有所欠缺。首先，高校在新媒体平台建设过程中，存在"借鉴模范"的情况，导致高校在各大新媒体平台的模块分区、传播内容方面有同质化现象。例如之前红极一时的《成都》《南山南》《Mojito》，各大高校都有类似的校园版本。诸如此类跟风、同质化的内容，一定程度上降低了传播效果。其次，许多高校的媒体融合质量有待提升。虽然国内高校几乎都建设了自己的新媒体平台，但新媒体发展势头迅猛，许多高校无法适应新变化，新媒体思维有待更新。例如许多高校没有新媒体平台的原创内容，直接将公告、通知或是报纸新闻照搬到新媒体平台。其表达内容和话语体系是自上而下的，与新媒体平台的平等交流形式格格不入。再次，许多新媒体平台存在"建而不用"现象，出现了一些"僵尸号"，不利于宣传思想工作的有序推进。最后，队伍缺乏专业性。高校宣传思想工作者很多不是新闻专业出身的，加之新媒体要求从业人员同时具备对文字、图片、视频等内容的处理能力，且技术更新换代快，因此人员队伍在理念和技术上的欠缺仍然存在。

三、高校宣传思想工作的创新路径

2020年12月17日发布的《2020教育政务融媒体海口宣言》形成四点共识，即要抢占互联网舆论阵地，充分发挥教育融媒育人功能；要加强优质内容建设，提升教育新闻舆论

"四力"；要紧跟先进技术发展趋势，让技术为教育融媒赋能；要深化体制机制改革，推动教育融媒纵深发展。以上四点共识为新媒体时代做好宣传思想工作提供了目标。要实现以上四点共识，高校宣传思想工作必须转变工作方式，增强媒体融合，打造优质内容。

（一）加强顶层设计，构建新媒体时代宣传思想工作大格局

高校要做好宣传思想工作需要宣传部门发挥重要作用，同时也需要各相关部门协调配合。这就需要加强顶层设计，凝聚不同部门的力量，形成全员、全过程、全方位育人的宣传思想工作大格局。首先要充分发挥学校党委对宣传思想工作的领导作用。一是学校党委要把准大方向，以马克思主义为指导，在全校范围内深入推动学习习近平新时代中国特色社会主义思想往深里走、往心里走、往实里走。例如健全学习贯彻工作快速反应机制、积极推进学理化阐释等。二是推进意识形态工作责任制落地生根，完善学校和二级单位意识形态风险点清单，加强对意识形态风险点的预判和排查。其次，全校各部门要积极配合，构建"大宣传"格局。一是要进一步畅通工作机制，实现信息资源共享，进一步调动各二级单位宣传工作积极性。二是要加大对外宣传力度，积极拓展社会媒体资源，加强与国内重要主流媒体深度合作，进一步增强高校宣传的影响力。

（二）推进媒体融合，打造高校政务新媒体宣传矩阵

习近平总书记在党的新闻舆论工作座谈会上强调，党的新闻舆论工作"要适应分众化、差异化传播趋势，加快构建舆论引导新格局"，"要推动融合发展，主动借助新媒体传播优势"，"要抓住时机、把握节奏、讲究策略，从时度效着力，体现时度效要求"。

高校推动媒体融合，不是简单地将现有媒体平台组合在一起，而是要根据各个平台的特点，推动真正的融合。一方面要加快校园新媒体与传统媒体的融合，将微博、微信、抖音等新媒体平台与原有的校报、广播台、电视台、新闻网融合起来，通过设立类似央视"中央厨房"的融媒体中心，发挥各类媒体优势，以不同的表现形式呈现校园重大事件，从而达到扩大受众覆盖范围、提升传播效果的目的；另一方面要加快校园新媒体平台的融合步伐，加强校内各二级单位的新媒体平台交流互动，实现信息共享、优势互补，增强对外发声的合力。此外，还要加强校园媒体与社会媒体的合作交流。校园媒体除为社会媒体提供文字资料外，还要善于积累图片、视频资料，以适应不同平台的需求，从而增强校园宣传的社会影响力。

（三）创新内容生产，增强宣传思想工作舆论引导力

在内容为王的时代，无论高校宣传思想工作采用何种策略，都离不开内容建设。用优质的内容吸引更多受众，增强

传播效果，是高校做好宣传思想工作的重要环节。青年大学生是高校开展宣传思想工作的主要对象，高校宣传思想工作必须紧贴学生实际开展。一是要采用符合新媒体表达特点、贴合学生表达习惯的话语体系。改变以往自上而下的说教式宣传，创新话语体系，更加注重平等交流，将行政命令转变为舆论引导。二是运用现代化媒体技术，创新内容表达方式。在理论学习方面，在坚持以文字传播为主的基础上，可增加"一图读懂××""几分钟带你了解××"等图片、视频形式。在日常新闻报道方面，多采用图片和视频形式。要综合运用现代化媒体技术将马克思主义、习近平新时代中国特色社会主义思想的内涵细化、活化到校园生活的方方面面，具体到宣传思想工作的内容上。

（四）抓住关键节点，讲好高校故事

高校宣传思想工作应当以关键节点为契机，做好相关宣传工作，进一步深化完善宣传思想工作。一是要借此机会深入推动学"四史"。调动学校报刊、广播、网络及新媒体等资源，利用现代化媒体技术，推动"四史"学习教育入脑入心。二是要充分挖掘自身红色校史，将学校的红色基因与建党百年等时间节点结合起来，讲述贴近师生生活的红色故事，讲好高校故事。三是借助新媒体平台，举办丰富多彩的庆祝活动，线上线下联动，进一步增强宣传思想工作的影响力。

面对急剧变化的国际国内形势及日新月异的互联网技术，

高校宣传思想工作必须不断变革，以适应新形势新变化。高校宣传思想工作者也要主动学习，善于创新，不断增强"四个意识"，坚定"四个自信"，做到"两个维护"，充分利用现代化媒体技术做好宣传思想工作。

基于教师发展视角的课程思政建设路径探析[①]
——以中南财经政法大学为例

吴佳欣

（人事部、教师发展中心）

2020年，教育部印发《高等学校课程思政建设指导纲要》（以下简称《纲要》）。《纲要》指出，要"把思想政治教育贯穿人才培养体系，全面推进高校课程思政建设，发挥好每门课程的育人作用，提高高校人才培养质量"，"解决好专业教育和思政教育'两张皮'问题"[②]。这进一步突出了课程思政在高校人才培养工作中的重要性。立德树人是课程思

[①] 本文系中南财经政法大学"百年·百项"基层党建创新计划项目"'课程思政'与'教师发展'协同机制研究"的阶段性研究成果。

[②] 教育部.教育部关于印发《高等学校课程思政建设指导纲要》的通知［EB/OL］.（2020-06-01）［2021-04-24］.http://www.moe.gov.cn/srcsite/A08/s7056/202006/t20200603_462437.html.

政建设的"指挥棒",课堂是课程思政的"主阵地",教师队伍是课程思政建设的"主力军"。而高校教师发展工作的重心就是在立德树人的指挥棒下,致力于提升课堂教学质量,实现教师队伍全面发展。本文从我校教师发展中心的工作实践出发,从教师发展的角度探讨课程思政建设路径,以期为我校课程思政建设工作提供有益参考。

一、课程思政与教师发展的内涵

从教师发展的视角探讨课程思政建设路径,首先需要厘清二者的内涵,进而分析二者关系与切入点。"课程思政"这一概念出现于2014年,源于上海市相关高校的实践探索,其初衷是解决高校学生思政教育的"孤岛"困境,特别是思想政治理论课与专业课程之间的"两张皮"现象[1]。经过近几年的理论与实践探索,国内关于课程思政的研究内容日益丰富。高德毅、宗爱东认为课程思政的实质不是增开一门课或增设一项活动,而是将高校思想政治教育融入课程教学和改革的全方位、全过程,在润物无声中实现立德树人[2]。邱伟光阐释了课程思政的价值、价值本源和生成路径,认为教师是

---

[1] 赵继伟. "课程思政":涵义、理念、问题与对策[J]. 湖北经济学院学报, 2019, 17(2):114-119.

[2] 高德毅, 宗爱东. 从思政课程到课程思政:从战略高度构建高校思想政治教育课程体系[J]. 中国高等教育, 2017(1):43-46.

课程思政的关键，只有充分发动和组织教师参与，调动教师的积极性，才能促进课程思政的全面建设和发展[①]。陆道坤以专业课程思政为例，剖析专业课程思政的设计问题、专业课教师思想政治素养和思想政治教育能力问题、专业课程思政的评价问题、专业课程思政与思想政治理论课程的关系问题，并提出专业课教师应实现以专业课的主动性带动课程思政发展，提升思想政治素养和思想政治教育素养，提升课程思政教学设计能力[②]。综上所述，高校课程思政不同于思政课程，课程思政的实践主体较思政课程更为广泛。思政课程主要由专兼职思政课教师讲授，而课程思政则需要其他专业课教师在课堂教学中融入思政元素。课程思政的要义即在"三全育人"格局下，使各类专业课程与思想政治理论课有机融合、同向同行，形成协同效应。

高校"教师发展"这一概念源于域外大学的办学实践。自密歇根大学于1962年建立学习与教学研究中心（Center for Research on Learning and Teaching，CRLT），美国便开始了高校教师发展的实践探索。而高校教师发展理论研究的初步揭幕，则源自1969年美国学者傅乐（Fuller）编制的《教师关注问卷》。自此，国内外学者关于高校教师发展的研究蓬勃

---

① 邱伟光. 课程思政的价值意蕴与生成路径[J]. 思想理论教育，2017（7）：10-14.

② 陆道坤. 课程思政推行中若干核心问题及解决思路——基于专业课程思政的探讨[J]. 思想理论教育，2018（3）：64-69.

发展。潘懋元认为"高校教师发展"有广义与狭义之分，广义的高校教师发展指大学教师通过各种途径学习与实践，以达到专业水平、教学技能、管理才能等素质的全方位发展。狭义的高校教师发展则强调大学教师在教学水平方面的提升，主要指教学能力的发展。而教师发展也应与教师培训有所区分，强调教师发展过程的自主性与目标的全面性[1]。周海涛在分析发达国家大学教师发展中心运行使命的基础上，提出教师发展内容包括教学发展、专业发展和组织发展[2]。邬大光提出，教师发展的根基是教学文化，正确认识大学教学文化的本质，是保障教师发展的有效手段[3]。基于已有研究可知，在我国当前高等教育实践中，教师发展的对象以从事教学工作的专任教师为主，与教育教学密切相关的管理人员、教辅人员、专业技术人员为辅。教师发展途径包括培训、咨询、工作坊、教学研究、资源集成、教学评估等，且各途径旨在激发教师的自主性。教师发展目的以教学发展为基础，兼顾专业发展与组织发展。

---

[1] 潘懋元，罗丹. 高校教师发展简论［J］. 中国大学教学，2007（1）：5-8.

[2] 周海涛，李虔. 大学教师发展：内涵和外延［J］. 大学教育科学，2012（6）：64-70.

[3] 邬大光. 教学文化：大学教师发展的根基［J］. 中国高等教育，2013（8）：34-36.

二、课程思政与教师发展的关联

高校进行课程思政建设的"指挥棒"是立德树人,开展课程思政建设的"主阵地"在课堂,践行课程思政的"主力军"是专任教师。教师发展中心则是促进教师教学能力提升以及专业发展的研究、咨询与服务机构。在工作实践中,课程思政与教师发展主要有以下关联。

(一)教师发展向课程思政建设的"指挥棒"看齐

立德树人是高校课程思政建设的"指挥棒"。《纲要》指出,"全面推进课程思政建设是落实立德树人根本任务的战略举措","全面推进课程思政建设,就是要寓价值观引导于知识传授和能力培养之中,帮助学生塑造正确的世界观、人生观、价值观"[①]。教师寓价值观引导于知识传授和能力培养之中的能力,是其教学能力的一部分,即教师教学能力不仅包括专业知识的有效传达,也包括在课程建设及课堂教学中将思政元素与专业知识"解构"与重新"建构"的能力。教师发展工作则是通过培养教师的教学能力、专业能力、组织协调能力,提升教师队伍整体素质,从而实现立德树人的根本目标。教育部等六部门《关于加强新时代高校教师队伍建设改革的指

---

① 教育部.教育部关于印发《高等学校课程思政建设指导纲要》的通知[EB/OL].(2020-06-01)[2021-04-24]. http://www.moe.gov.cn/srcsite/A08/s7056/202006/t20200603_462437.html.

导意见》中指出"准确把握高校教师队伍建设改革的时代要求,落实立德树人根本任务","建设高校教师发展平台,着力提升教师专业素质能力",即教师发展与课程思政均向立德树人这一"指挥棒"看齐。

(二)教师发展服务于课程思政建设的"主力军"

教师队伍是课程思政建设的"主力军",也是教师发展工作的主要服务对象。一所高校课程思政建设的情况如何,取决于该校教师践行课程思政的水平如何,取决于师资队伍的总体素质如何。而教师寓思政于课堂的能力,除了在教书育人过程中逐渐历练打磨之外,较为精准与最符合教育规律的方法,就是由专门的教师发展平台——教师发展中心提供有针对性、系统化的培训培养服务。教师发展中心通过培训新进教师,能更好地从"入口端"抓好课程思政建设工作,帮助新进教师扣好课程思政建设的"第一颗扣子"。此外,面向存量教师的咨询及培训服务项目,则能从"过程端"探寻教师对于课程思政的现实需求、困境与解决路径。教师发展中心全方位的服务体系能有机融合课程思政理论与元素,有助于教师在思想上认识到课程思政的重要性,在行为上将思政元素与专业课程通过既定的教学方法与技巧实现互融互通,从而更好地服务于专业教师。

(三)教师发展坚守课程思政建设的"主阵地"

课堂是课程思政建设的"主阵地"。教师发展中心目前的工作侧重于帮助专任教师提升课堂教学质量,避免教师出现过于"重科研,轻教学"的倾向,以保障人才培养在大学职能中的基础作用。专任教师只有热爱教学、用心教学,具备教学责任感与使命感,才能具备进一步将思政元素融入课程的前提条件。而教师发展中心的日常工作则帮助教师坚守课堂教学的阵地,通过对初任教师的培训—培养—考核—帮扶机制,从入口端培养教师重视教学的意识,提升其践行课程思政的能力;通过深入存量教师课堂进行观摩等举措,帮助学校发现存量教师课堂教学存在的问题、可改进的地方、课程思政建设的切入点等;通过一对一的讲课实操训练,培养教师设计课程思政教学体系的能力。教师发展中心为教师顺利开展良好的课堂教学提供了思想上、方法上的帮助,有助于提升教师课程思政建设的意识和能力,帮助教师坚守课程思政建设的"主阵地"。

三、我校基于教师发展视角的课程思政建设举措

随着《纲要》的印发,高等教育界对课程思政的关注度进一步提升,各高校以《纲要》为标杆,进一步推进课程思政建设工作。回顾教师发展中心近5年的工作内容,其中不乏课程思政建设的相关举措,既包含系统讲授课程思政的显

性教育，也包含优秀教师课堂示范的隐性教育。

（一）新进教师岗前培训

新进教师岗前培训包含课程思政相关模块。《纲要》指出，要"依托高校教师网络培训中心、教师教学发展中心等，深入开展马克思主义政治经济学、马克思主义新闻观、中国特色社会主义法治理论、法律职业伦理、工程伦理、医学人文教育等专题培训"。我校新进教师自入职起，即参与教师发展中心为期一学年的培训培养项目，包含在师范类大学进行的集中岗前培训以及在校内进行的第二阶段岗前培训。其中，第二阶段岗前培训设置了课程思政相关培训课程模块。专业课教师与思政课教师的区别在于专业课教师没有系统全面地学习思想政治理论知识。但课程思政非思政课程，课程思政强调的是各类课程与思政课程同向同行，三观塑造与知识传授齐头并进。首先，教师作为课程思政的主要践行者，要做到师德高尚、素质精良。第二阶段岗前培训中"书记第一课""校长第一课""教师的道德与修养""全国依法治国背景下高校教师的行为规范"等课程，讲授了高校教师的职业追求与行为规范，并指出了青年教师进行课程思政建设的方向与举措。此类课程能为新进教师奠定良好师德基础，指明努力方向。其次，思政课与专业课实现有机融合需要熟练掌握基本教学方法。岗前培训中"大学基本教育理论与教学方法""教师有效沟通技巧"等培训课程能帮助新进教师快速掌握课堂教学方法与技巧。综上所述，教师发展中心的岗前培训课程有助于新进教师从"道"和"术"的层面践行课程思政。

（二）初任教师导师制

岗前培训的课程思政模块从宏观层面予初任教师以指导，初任教师导师制则使新进教师在跟班听课的过程中，能逐渐领会骨干教师在专业课程中践行课程思政的过程与方法。初任教师导师制项目从2016年正式运行，共计190名初任教师、186名资深教师参与了该项目，在整个教师队伍中占比接近30%。我校初任教师导师制的主要做法是通过骨干教师与初任教师结对，骨干教师以"传帮带"的形式，指导初任教师熟悉"备教批辅考"等教学环节，提升和保障初任教师的课堂教学水平与教学质量。导师的价值理念、工作态度和行为方式都会有形、无形地引导初任教师学做一名合格的大学教师。初任教师通过参与此项目，不仅能尽快实现从学生到教师的身份转变，也能在教学理念、教学方法和教学技巧方面有所提升，有利于后续将专业教育与思政教育融会贯通。初任教师导师制项目完成后，教师发展中心对初任教师进行教学能力考核，考核内容为试讲高校教师师德师风相关内容，这一过程能增加教师对思政知识的储备，也便于教师发现教学中的薄弱环节并及时改进。

（三）存量教师在岗培训

教师发展中心为存量教师提供课程思政培训信息。为向我校教师提供更全面、更个性化的培训发展服务，教师发展中心于2020年5月以在线问卷的形式开展教师培训需求调研。由于存量教师分布于不同的学科门类，对课程思政的实践程度与需求不同，故教师发展中心面向存量教师开展的课程思政类培训主要以提供有效培训信息为主。教师发展中心会定期筛选校内外培训信息，并将此类信息转发至QQ群、微信群等工作群，供有兴趣参加课程思政类培训的教师参考。如有教师主动提出培训需求，教师发展中心也会根据存量教师的培训需求有针对性地筛选培训信息，并协助教师完成培训课程的报名流程。

（四）优秀教师观摩课与经验交流

现场教学观摩、典型经验交流是推进教师课程思政能力建设的有效举措。《纲要》提到要"分区域、分学科专业领域开展经常性的典型经验交流、现场教学观摩、教师教学培训等活动"。教师发展中心每年均会组织我校教师到课程思政建设经验丰富的优秀教师课堂进行观摩。例如，组织我校教师前往孙贤林教授的"会计学原理"课堂进行观摩。孙贤林教授是"全国模范教师""湖北省十佳师德标兵"，也是学校首届"教书育人奖"获得者。孙贤林在教学过程中致力于探索如何将专业知识教学与学生的人生观、价值观、道德观引导相结合，让学生在学习专业课程时领悟"学做学问先学做人"的道理。此外，教师发展中心曾邀请邓爱民教授跟青年教师分享课程思政建设经验。邓爱民教授是教育部"双带头人"党支部书记、首批全国党建工作样板支部党支部书记、教育部教工党支部工作精品案例原创党支部书记。邓爱民在经验交流中提出高校教师应将习近平新时代中国特色社会主义思想"基因式"融入课程教学，推进专业教育和思政教育的有机结合，用"双轮驱动"打破思政教育与专业教育相互隔绝的"孤岛效应"。他认为强化课程思政建设应把握以下要点：第一，提高政治觉悟；第二，充分挖掘思政元素；第三，发挥骨干教师的带头作用。

四、以教师发展促课程思政建设的优化路径

我校教师发展中心在教师入口端、过程端均融入了课程思政建设的元素。随着课程思政建设内容的进一步丰富，教师发展中心将创新工作内容、优化工作方案，从教师发展的角度出发，不断提升教师思政育人的意识与能力，切实推动思政教育和专业教育的有机融合。

（一）创新课程思政培训模式

教师发展中心目前进行课程思政建设的主要载体是教师教学培训，培训的信息传递模式以单向传递为主。为进一步提升教师课程思政建设的意识和能力，可创新课程思政培训

模式，使信息实现双向传递、多元传递。增设课程思政工作坊等小规模、强互动的培训方式，根据教师需求确定更细化的培训主题，例如学生学习动机研究、课程与教材设计开发能力培养、课程思政教学与管理能力提升等。增开课程思政实践项目，组织教师前往爱国主义实践教育基地进行实践，以增强其爱党、爱国、爱社会主义的意识，丰富教师的政治认同、家国情怀、道德修养、文化素养、法治意识等课程思政元素供给，加大中国特色社会主义和中国梦教育、社会主义核心价值观教育、法治教育、劳动教育、心理健康教育、中华优秀传统文化教育的力度。创新课程思政培训模式，使培训主题更精细化、培训方式多样化、培训内容实践化，进一步调动参培教师的参与积极性、思考积极性、实践有效性。

（二）加强校内组织间联动

课程思政建设不是某部门或某学院的"单兵作战"，而是需要校内各组织的联动参与。教师发展中心将在未来工作中进一步加强与各教学单位的联动，了解各教学单位在课程思政建设中"缺什么"、教师发展中心能"做什么"，以更精细的教师发展项目帮助各学院各学科建立符合学院实际、学科实际，科学合理的课程思政教学体系。同时，也要加强与党委教师工作部、学工部、研工部、教务部、教学督导与评估中心、信息管理部等部门的业务联系，以便在制定课程思政建设相关政策时，各部门能做到同向同行，在进行课程思政建设实践时，校内各组织能协同发力，"拧成一股绳"。

（三）建立健全优质课程思政资源共享机制

依托正在建设的教师发展信息系统，建立健全优质课程思政资源共享平台，提高校内外优秀课程思政资源利用效率，避免重复建设。利用信息系统为有志于做好课程思政建设的教师提供更丰富的培训信息和更便利的沟通平台。拟在信息系统中增加即时反馈渠道，使课程思政培训资源与教师需求实现良好对接。教师发展中心将在平台发布典型案例，便于不同学科的教师能够找到标杆与榜样。此外，教师发展中心在与兄弟高校进行工作交流的过程中，将重点留意课程思政的优质培训师资，建立校内外培训师资专家库，健全课程思政培训素材的资源库，以实现优质课程思政资源共享，助力课程思政建设先进经验和做法的推广，营造广泛开展课程思政建设的良好氛围，全面提高我校人才培养质量。

新时代大学生政治认同路径研究[①]

周 琼 李雅琴

(经济学院)

习近平总书记在党的十九大报告中提出"青年兴则国家兴,青年强则国家强",在新时代背景下,既需要充分认识大学生政治认同的重要性,更需要对其影响因素、形成机制进行深度剖析整合,为完善大学生政治认同培育路径助力。建立一套科学的大学生政治认同影响机制的衡量模式,探索有效的政治认同培育路径,是当前人才建设的迫切需求,也是促进民族团结和社会稳定的重要任务,具有重要的学术价值和应用价值。

[①] 本文系湖北省教育厅哲学社会科学研究项目"新时代背景下大学生政治认同培育路径研究"(项目编号:20G020)阶段性成果。

一、研究思路和方法

本文研究对象集中于1995年以后出生的大学生,这个时期的大学生生活在信息化时代,大众传媒、网络信息的发展深刻影响着他们的政治素养、政治思想、政治价值观等。本文在传统的国家认同和执政党认同这两个一级维度的基础上,新增加了意识形态——中国特色社会主义认同,在探究新时代大学生政治认同现状的基础上,构建测定大学生政治认同水平的指标体系,对影响大学生政治认同的因素进行归类并进行相关的因子分析,同时结合多元回归,分析了我国新时代大学生政治认同的影响机制,为今后提升政治认同水平的路径建设提供合理的政策优化方案。

二、模型和问卷设计

（一）模型设计

1. 政治认同影响因素的因子分析

因为新生代大学生政治认同的细分维度较多,研究中可以采用因子抽象方法,这样得到相关数据矩阵,将因子载荷和因子相关的数量关系从矩阵中提取出来,以此实现"降维"。通过因子分析的方法可以找到重要的测量指标,进而看到政治认同程度。其因子分析的模型如下:

$$x_j = b_{j1}h_1 + b_{j2}h_2 + b_{j3}h_3 + \cdots + b_{jn}h_n$$

b_{jn}是因子载荷，因子载荷反映了因子h_n和x_j的相关程度，b_{jn}越大，说明这个因子h_n和x_j之间的相关程度越高。本文将利用因子分析法和主成分分析法，分析出显著影响政治认同的因素。

2. 政治认同影响因素的指标评估

在因子分析的基础上，选出明显的影响因素，利用多元回归的方式，对影响因素进行评估。多元回归的模型为：

$$M=a+c_1y_1+c_2y_2+\cdots+c_ny_n$$

我们采用了国家认同、执政党认同和意识形态认同作为因变量M，影响政治认同的意识形态方面的因素作为自变量y_1、y_2、y_3，以此得出这些因素对大学生政治认同的影响程度。

（二）问卷设计

采用李克特量表（Likert scale），在问卷的设计中设计五种答案，即非常不同意、不同意、不一定、同意、非常同意，并分别赋值1、2、3、4、5，被调查者的分数就是每题回答分数的加总。在本次调查中，针对不同机制的研究，主要通过不同的问卷来开展。其中，问卷的主题分为三个部分，分别获取三个大类方向的数据。

第一部分为被调查者的个人背景，包括以下几项：

生源地：农村/城市；

父母政治面貌：党员/群众；

本人政治面貌：党员/非党员（因为大一、大二、大三学生中党员比例相对较低,且本指标的选取本意是反映该被调查者的政治倾向,因此这里的党员广义上包括了入党积极分子与党的发展对象,后文不再进行说明);

从政规划:有/无;

所学专业类型:理工科/人文社科;

家庭情况:富裕/非富裕。

它们将作为回归模型中的控制变量来探究对政治认同的影响。

第二部分为被调查者政治认同的影响元素,主要包括社会、家庭、学校和个人四个方面。每一个方面设置一个题项,由被调查者填写。它们将作为回归模型中的解释变量来探究对政治认同的影响。

第三部分为被调查者的政治认同情况,共有3个一级指标与5个二级指标。二级指标主要分19个题项来考察。如表1所示。

表1 被调查者的政治认同情况

维度	因子	题项
国家认同	国家归属感	我是中国人我自豪
		看一些爱国主题的影视作品时,我内心很骄傲、自豪
	国家责任感	天下兴亡,匹夫有责
		为中华之崛起而读书
		对立党为公、执政为民有信心

续表

维度	因子	题项	
执政党认同	执政效能认同	在以下的工作中，我对党和政府的表现很满意	大学生就业支持
			医疗工作改革
			房价调控
			反腐倡廉工作
			教育工作改革
			生态环境保护
			缩小收入差距
			民主政治建设
	执政价值认同	没有共产党就没有新中国	
		截至目前，除了中国共产党，没有其他党派能担当起实现中华民族伟大复兴的历史重任	
		坚持社会主义道路才有前途	
意识形态认同	中国特色社会主义认同	坚持中国特色社会主义是中国经济高速发展的一个重要原因	
		中国特色社会主义开创了一条全新的国家发展道路，且历史已经证明其正确性	
		习近平新时代中国特色社会主义思想是党和国家必须长期坚持的指导思想	

注：执政党认同部分的问题采取李克特五点记分制。每个项目赋予1~5分，题目分数越高，表明被调查者政治认同的影响因素越强，大学生政治认同度越高。

三、数据分析

本研究主要采用因子分析和多元回归分析的方法，实证分析我国新时代大学生政治认同的影响机制。首先采用因子分析方法，对影响大学生政治认同的因素进行归类，继而采用多元回归分析予以进一步验证。

（一）数据来源

本文数据源自问卷星的问卷调查。问卷调查群体主要为"95后"大学生，问卷发放时间为2021年1月1日至2021年1月31日。筛选无效问卷后，最终获得3400余份有效数据。

（二）因子分析

本研究用李克特方法量化问卷题目得出中国特色社会主义认同、执政效能认同、国家归属感、执政价值认同、国家责任感5个二级指标，并对其进行分析，得出了意识形态认同、国家认同、执政党认同3个一级指标，进行指标体系评估。

1. 因子分析的前提条件

本研究已经提前将数据进行了分析整理，生成了相关系数矩阵，发现有一半以上的变量之间的相关系数介于0.5～0.7之间。可以判断存在相关关系。

2. 因子的抽取

本研究对5个二级指标提取公因子后，所得结果如表2所示。

表2　公因子累计贡献率

	Factor 1	Factor 2	Factor 3
Cumulative var	0.42	0.56	0.82

在表2中，第一行表示提取出的新的因子，第二行为主

成分累计贡献率。因为前三个因子贡献率累计达到82%，因此可以选取前三个为主因子，这与我们前文所述的一级指标吻合。

在求出主因子后，其典型代表量不是很突出，还需要通过因子旋转，得到比较满意的主因子。在这里我们采用正交旋转的方法，应用极大似然法对因子进行旋转。表3表示采用最大方差正交旋转法所得的因子载荷。在经过三次旋转后，累计方差仍为82%。旋转后因子原有解释变量进行了重新分配，在下文中将详细说明[①]。

表3 正交旋转后的因子载荷

变量名	旋转前的因子载荷			旋转后的因子载荷		
	F1	F2	F3	F1	F2	F3
国家归属感	0.350	0.307	—	0.983	—	0.155
国家责任感	0.448	0.310	—	—	0.921	0.142
执政效能认同	0.340	0.582	0.517	0.127	0.844	0.124
执政价值认同	0.363	0.561	0.531	0.985	0.293	—
中国特色社会主义认同	0.454	0.693	0.527	0.210	—	0.953

3. 因子的命名

给抽取后的因子进行命名，使因子具有解释变量的特征。如表所示，以0.8的因子载荷为标准，筛选二级指标，可以得出0.8以上的三个因子对应的变量分别为：国家归属感、执政

---

① 表中部分没有数据的原因为不符合数学计算条件。

价值认同，国家责任感、执政效能认同，中国特色社会主义认同。在对三个因子进行命名时，为了与前文吻合，依然将三个主要因子命名为三个一级指标，即国家认同、执政党认同、意识形态认同。但不同的是，二级指标发生了转换，具体如图1所示。

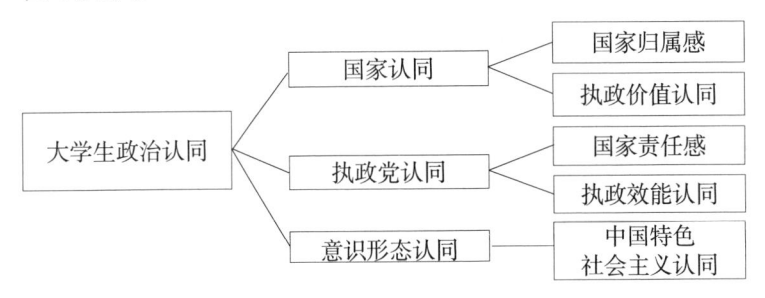

图1 旋转后的因子示意图

在下文中出现的三个被解释变量——国家认同、执政党认同、意识形态认同，均为旋转后的因子。

（三）回归分析

我们运用多元线性回归模型进行评估。

其中，多元回归的数学模型为：

$$M_1=a+c_1 person_i+c_2 family_i+c_3 school_i+c_4 society_i+\sum_{j}^{n} d_j control_j+\varepsilon_i$$

$$M_2=a+c_1 person_i+c_2 family_i+c_3 school_i+c_4 society_i+\sum_{j}^{n} d_j control_j+\varepsilon_i$$

$$M_3=a+c_1 person_i+c_2 family_i+c_3 school_i+c_4 society_i+\sum_{j}^{n} d_j control_j+\varepsilon_i$$

在本文中，$person_i$、$family_i$、$school_i$、$society_i$ 作为核心

解释变量，代表影响政治认同的意识形态方面的因素（包括个人、家庭、学校、社会四个维度），i 代表不同个体。$control_j$ 表示第 j 个控制变量，其中选取生源地、父母政治面貌、本人政治面貌、从政规划、所学专业类型、家庭情况作为控制变量 $control$。将大学生政治认同的三个因子——国家认同、执政党认同、意识形态认同分别作为被解释变量 M_1、M_2、M_3，进行回归分析[①]。

[①] 其中，控制变量均采用虚拟化操作，模型 A1、A2、A3、A4 分别为仅含控制变量 $control$ 对大学生政治认同因子的回归模型，模型 B1、B2、B3、B4 分别为加入解释变量后，在原有控制变量的基础上，对大学生政治认同的回归模型。

表 4　回归系数示意表

被解释变量	国家认同 A1	国家认同 B1	执政党认同 A2	执政党认同 B2	意识形态认同 A3	意识形态认同 B3	政治认同（总）A4	政治认同（总）B4
生源地	-0.128	-0.037	0.053*	0.075***	0.044	0.053	0.013*	0.042*
父母政治面貌	-0.019	-0.043	0.022	0.066	0.016***	0.062	0.034**	0.025**
本人政治面貌	0.023**	0.042***	0.016	-0.033	-0.052	-0.017	0.056	0.038*
从政规划	0.036*	0.035*	-0.053	-0.014	-0.028	-0.048	0.029*	0.041
所学专业类型	0.037	0.016	-0.062*	-0.059*	0.039	0.033	-0.031	-0.052
家庭情况	-0.041	-0.029	0.033	0.032*	0.042**	0.021	0.042	0.033
个人因素	—	0.011***	—	-0.033**	—	0.043**	—	0.031***
家庭因素	—	0.023***	—	0.042	—	0.053*	—	0.032**
学校因素	—	0.036***	—	0.057***	—	0.076***	—	0.045***
社会因素	—	0.021**	—	0.032**	—	0.078***	—	0.056***
R^2	0.036	0.255	0.031	0.283	0.019	0.323	0.049	0.369
Adjusted R^2	0.026	0.245	0.021	0.272	0.009	0.313	0.039	0.36
F	3.48***	23.77***	2.93***	29.34***	1.832*	33.01***	4.81***	3.61***

注：* 表示 $p<0.05$；** 表示 $p<0.01$；*** 表示 $p<0.001$。

A1、A2、A3、A4模型表示，控制变量中生源地、父母政治面貌、学生的从政规划对政治认同属于正向关系，其他变量只对其某一因子产生比较明显的影响，说明生源地在农村，父母政治面貌是党员，有从政规划的学生政治认同度更高。

B1、B2、B3、B4模型表示，首先，解释变量与总变量呈现显著的正相关关系，说明个人、学校、家庭、社会等意识形态因子带来的正向影响越大，大学生政治认同度越高；其次，控制变量中，生源地、父母政治面貌、学生的从政规划与政治认同呈现比较明显的正相关关系，其他的无明显变化，表明生源地在农村，父母是党员，有意向从政的学生政治认同度比较高；最后，从模型系数方面来看，个人因素、学校因素产生的影响最为显著，表明个人和学校因素对学生政治认同程度的影响更大。

四、结论与建议

综上所述，可以从个人、家庭、学校等方面着手，提升大学生对新时代中国特色社会主义的政治认同。

（一）个人与家庭：加强思想政治教育建设，夯实大学生政治认同的教育基础

基于3400余份调查数据分析可得，个人因素对政治认同的总体情况存在显著影响。因此，在社会要求大学生加强政治认同的背景下，就需要大学生加强自我教育，积极投身社

会实践，提高政治素养；同时，营造高政治认同度的家庭氛围也十分重要。

（二）学校：丰富主流意识形态的传播形式和手段，提升大学生政治认同和行为规范

随着互联网的发展，网络新闻传播速度较快，大量的网络信息成为大学生自主学习的重要资源。同时，网络的快速发展，对传统的高校主流意识形态的传播造成了很大影响。大学生的政治认同很容易受互联网、社会思潮等因素影响，呈现出鲜明的时代特点。这需要高校积极做出改变，创新意识形态传播的方式方法和内容，充分利用互联网，充分结合新时代的社会特色和大学生的特点，来提升高校主流意识形态的吸引力和传播力。同时，高校要持续丰富理论宣讲、实践教学的形式和手段，在此过程中宣传主流意识形态，潜移默化地提升大学生的政治认同感。

参考文献

［1］梅萍，杨珍妮. 中国梦视域下的民众政治认同与道路自信的提升［J］. 当代世界与社会主义，2015（2）：181-185.

［2］曹峰. 高校思政课话语体系下的大学生政治认同［J］. 中国青年社会科学，2016，35（3）：41-47.

［3］李坤凤. 大学生"国家认同"核心素养评价指标体

系的构建［J］.学校党建与思想教育，2017（5）：60-64.

［4］李天兵.大学生政治认同的实证研究——基于四川省内6所高校的调查［J］.科教导刊（下旬），2018（18）：190-192.

［5］邱杰，张瑞，左希正.大学生政治认同教育研究［J］.社会科学家，2014（7）：114-117.

［6］元修成，张澍军.解析大学生政治认同的形成机理［J］.东北师大学报（哲学社会科学版），2014（6）：252-254.

［7］姜金栋，孙瑞琛，陆明洁.大学生政治认同的差异性比较研究［J］.青年发展论坛，2018，28（1）：66-75.

［8］陈锡敏.思想政治理论课与大学生国家认同［J］.教学与研究，2017（2）：86-93.

［9］邹金霞.论高职院校大学生思想政治教育的"心理认同"［J］.高教探索，2016（8）：96-99.

以课程思政建设为抓手推动高校党建与教学科研双融合双促进研究[①]
——以中南财经政法大学金融学院为例

王秀景

（金融学院）

一、工作概况

在全校都在开展"不忘初心、牢记使命"主题教育和第五轮学科评估的背景下，金融学院也面临着如何推进一流学科建设以及提升学生素养的问题。金融学院积极响应学校号召，在学校方针政策的指导下制定了系统完善的工作方案，

[①] 本文系湖北省研究生思想政治教育规划课题"'三全育人'背景下研究生导师与辅导员协同育人机制研究"（2019ZDB04）阶段性研究成果；本文亦为中南财经政法大学2020年"百年·百项"基层党建创新计划党建研究课题"以'课程思政'建设为抓手推动高校党建与教学科研双融合双促进研究"阶段性研究成果。

定期开展习近平法治思想主题教育活动,坚持选树师生典型,践行和弘扬习近平法治思想;举办专题党课、党员志愿活动接待日、党员示范岗、党员寝室挂牌等活动,强化学生理想信念教育。学院党建工作则坚持以"夯实基础、做强特色、提升质量、推动发展"为总体目标,构建了从学院二级党组织到各基层党支部,再到党员个人的责任体系,形成上下贯通的工作机制。

金融学院在学生培养中,加强应用经济学和管理学科知识教学,既突显了我校人才培养资源的优势,又是人才差异化、提升竞争力的体现。新时代,金融行业快速健康发展,对金融人才的需求也与日俱增,金融人才的素质对金融行业发展至关重要。高校作为金融人才培养的重要场所,在学生培养中要加强学生德与行的培养,提升学生思想政治素养,使学生"德、智、体、美、劳"全面发展。课程思政建设是提升学生政治认同感的重要举措,在金融人才培养中积极学习并践行课程思政,是金融学院"三全育人"工作的一个重要途径。

二、建设思路与举措

加强党的建设是做好业务工作的基础,可以为各项工作做好引领;加快落实业务工作又是促进党建工作的源泉,可以为党建工作撑起后盾。两者相互影响,相互促进。金融学院在学生培养过程中,依托学院培养传统、培养成绩与培养优势,秉持"理想信念坚定为核心、道德品质高尚为关键、专业知识扎实为基础、实践能力过硬为重点、素质全面优良为目标"的人才培养理念,坚守"五育并举",推动学生全面发展。

(一)以党政骨干为先锋,学院领导带头抓思政

金融学院重视学生求真务实、理论联系实际的意识和能力的培养,在实际教学过程中,坚持以科研促教学,加强教材建设,并将科学研究的成果运用到教学中去。学院加强网站、网络实验室、学生社区网络电子屏建设,推动党团学志微博、微信"双微并进",与时俱进开拓网络学习践行习近平法治思想阵地,强化理论武装,切实以思想自觉引领行动自觉,将工作落细落实,以教学与科研育人成效进一步增强党建工作落实力度。

在2020年"百年·百项"基层党建创新计划基层党组织主题实践活动项目中,院党委书记汪平申报的"'三全育人'背景下高校党建与思政工作深度融合的实践与探索"获得学校立项。另外,汪平书记主动为入党积极分子讲授"端正入党动机和积极争取入党"课程,对预备党员进行培训,希望他们加强理论学习,完善知识体系,增强党性认识,坚定理想信念。院长余明桂在学校举办的研究生教育会议上发言,提出学院围绕"立德树人"根本任务,组织实施"三全育人"攻关计划,深入挖掘育人元素,多措并举、统筹推进,将思政工作融入学院人才培养、科学研究等各环节,形成育人新

格局。

（二）以课程思政为载体，树立教学与科研典范

金融学院创新开展课程思政专项课题申报工作，坚持"协同推进、特色发展"的课程建设理念，以"博文明理，厚德济世"校训精神为内在基因，形成思政课程、专业课程、实践实习"三位一体"教学体系。把金融学科的科研成果深植于中国的土壤，把立德树人的宏伟画卷描绘在中国的大地上。通过创新教育和教学方法、优化教学设计，将新时代中国特色金融业改革发展的生动案例等有机融入课程教学活动和教育实践中，形成示范效应，打破学科发展分散的局面，形成稳定的跨学科研究团队组建机制，大力推进"课程"与"思政"的深度融合。

学院为年轻教师配备指导教师，从教学方法和教学内容上进行规范，严格执行听课制度，并配备专门的督导工作人员，实现课堂听课全覆盖，加强学生思想政治教育关注力度，建立专业课教师、思政教师、辅导员三位一体协同育人机制。积极探索互联网+课程、互联网+教材的新内涵、新模式，把"共建共享"的发展理念有效融入"金课"课程团队创建中，拓宽教学质量反馈渠道，组建多层级质量保障机制。

（三）以环境思政为保障，健全"三全育人"工作机制

金融学院于 2019 年入选教育部"三全育人"工作试点院

系，学院围绕"立德树人"根本任务，做好管理服务人员与专任教师协同育人，推动专业课教师与思政课教师协同育人，落实教育育人、管理育人、服务育人。为加强基层党组织和党员队伍建设，进一步提升教工党支部与学生党支部内涵式发展，学院保险系教工党支部与学生党支部通过"结对共建"的方式，共同开展"支部主题党日"活动。结对共建活动为师生互动提供了平台，把教师党员与学生党员凝聚在一起，有利于教与学的有机融合，有利于实现协调发展的党建工作新格局。

学院全方位优化培育机制，把师德师风建设作为推进应用经济学学科发展的首要任务，完善精准引才育才体制机制，创新人才引进培养方式方法，着力培育高水平创新团队。学院坚持以党建为龙头，打造"党建+思政""党建+服务"系列育人平台，以"星火计划""与榜样同行"等品牌项目为着力点，全力推行"1+100"团党干部直接联系青年专项行动，促进党建带团建。定期组织后勤、保卫、图书馆、医院等服务部门召开管理育人协调会议，形成多级联动机制，形成多部门育人合力。

三、建设成效及特色

金融学院全面贯彻落实"立德树人"根本任务，紧密围绕国家经济社会发展的重大战略需求，突出"融通性、创新型和开放式"的人才培养特色，全面深化教育教学改革，系统构建拔尖创新人才培养体系，打造思想觉悟高、业务素质过硬的社会人才，充分发挥学院平台影响力和学科团队辐射力。

（一）夯实一流学科建设，人才培养模式不断优化

金融学院制定并实施《一流学科建设项目管理办法》，突出学科交叉融合与协同创新，激发学院主体的"双一流"建设活力，进一步扩大学院在"双一流"建设中的主体作用。学院在《改革和发展"十四五"规划》中结合学科发展历史、办学特色和建设实际，积极响应国家"双一流"发展战略，科学遵循学科发展内在规律，努力建设具有中南特色、中南风格、中南气派的金融学科体系，推动金融学科进入中国顶尖行列、冲击世界一流，引领与带动学院综合实力提升。把师德师风建设作为推进学科发展的首要任务，全方位优化培育机制，将教师思政融入组织生活；健全师德考核，加大师德师风教育比重，在教师招录、职称评审、年度（聘期）考核等领域均实行师德考察和"一票否决"制；强化师德监督，建立健全师德建设三级责任体系，综合课堂督导、学生评教和师德投诉，建立多元监督体系，构建多层次监督网。

（二）加大培养经费支持，质量保障体系不断完善

在"破五唯"背景下，学院不单以论文数量、期刊级别为科研评价依据，积极探索契合国家及地方发展需要的科研评价标准，完善合作研究成果的评价机制，从研究质量、科研创新、社会效益、经济效益等多维度对优秀论文、咨询决

策报告、调研报告等科研成果进行评价。在学生培养过程中，学院也积极探索提升学生综合素质的方式与渠道，优化学生培养模式，从招生、培养、学生就业等各个方面改进评价体系。在中央财政"双一流"引导专项经费的基础上，学院积极拓展筹资渠道，特别是努力寻求省、市级别的财政支持，并通过教育发展基金会、一流学科建设基金、中南金融学科建设基金等渠道广泛争取社会各界和广大校友的捐助支持。学院通过"资源优化配置机制改革"，统筹配置学校有关资金、人员、房屋、招生指标等建设资源，优化党建工作机制建设，提升资金使用效率。

（三）抓实课程思政模式，学生培养质量不断提升

学院以金融学等应用经济学"双一流"支撑学科为主体，推行"一体两翼"工作方针，以金融学科为抓手，带动学院其他学科共同发展。紧抓"新文科"建设重要契机，深化财经政法融通特色，构建多元化、个性化、高水平的人才培养模式，推进课程思政育人模式。做好长远布局，抓好顶层设计，注重谋划和加强学科基础设施建设，培育"数字技术与现代金融学科创新引智基地"。建立市场化的约束激励机制，在教学、科研、行政服务等各方面鼓励公平竞争，强化目标管理，实现学生管理精细化、市场化和社会化。及时修订和更新学生培养方案，制定系统科学的专业人才培养标准，完成多门课程的教学大纲修订；不断拓宽教学质量反馈渠道，

建立起多形式的双向意见反馈渠道。

四、下一步考虑

党建工作为学院建设以及学生培养的事务性工作提供了强有力的保障。坚持以生为本，做好学生思想引领和日常管理工作有助于提升党建工作成效。学院将进一步坚持党管办学方向、管改革发展，充分发挥党委领导核心作用，落实全面从严治党主体责任清单，深入开展"放管服"改革，提升一流学科建设的治理效能。

（一）切合学院特色，全面推进课程思政建设

为防范专业教育与思想政治教育"两张皮"现象，学院将全方位优化培育机制，紧密联系我校红色基因，讲好我校故事，将思政教育灵活地贯穿我校的专业课教育。为全面贯彻党的教育方针政策，把课程思政建设作为落实"立德树人"根本任务的关键环节，学院于2020年度开展课程思政建设专项申报工作，首期共立项课题22项，并力争全面推进课程思政建设，在学院实现思政进课堂全面化。学院在后续工作中，将精心组织教师思政金课研讨论坛、思政金课学生反馈讨论等系列活动，聚焦思政课"师资攻坚""教法攻坚"，准确把握学生、学科与学术的新特点、新趋势。

（二）探索育人新模式，强化专业平台建设

积极探索互联网＋课程、互联网＋教材的新内涵、新模

式,把"共建共享"的发展理念有效融入课程创建中,落实"把思想政治工作贯穿教育教学全过程"理念。学院将全面推进教育教学改革,深化专业内涵建设,优化培养方案,改革教学模式,着力推进专业课与思想政治理论课同向同行。优化教学评价反馈机制,落实以学生为中心的教育教学理念,实现学生参与教学评价全覆盖,完善以学生获得感和认同感为核心的教学效果评价标准,强化每位教师的立德树人意识。为进一步加强育人实效,学院与国内外高校合作开展交叉学科和交叉专业建设,不断扩展合作渠道与合作形式,推进课程互选、学分互认、联合培养,持续打造多元化育人平台。

(三)坚持立德树人,提升党建工作育人成效

把"育德、立德"作为重要使命,坚持中华优秀传统文化与校园文化相融合、价值引领与知识传授相融合、显性教育与隐形教育相融合的"三个融合",加强师德师风建设和志愿服务投入,挖掘课程德育元素,为青年学生扎扎实实上好修身立德这一课。打造红色讲堂、开展红色实践、搭建红色网络、树立红色榜样,擦亮青年学生的精神底色,引导青年学生明党史、树理想、强信念。围绕金融学科前沿方向和重大理论实践问题,展开研究,躬身践行,在亲身参与和社会实践中服务国家经济建设和社会发展,练就过硬本领。统筹育人资源,推动平台、载体、队伍协同联动,充分调动各方面育人要素的积极性,筑牢协同育人阵地,发挥行、地、校、

企协同育人资源，健全家庭、学校、政府、社会协同育人机制。

（四）完善制度措施，以党建引领教学科研新发展

党建工作与业务工作是相辅相成的，分工不分家，党建工作不仅要看政治领导力、思想引领力，也要体现出群众组织力、集体号召力和员工战斗力，要既抓好业务，又搞好党建。学院继续开展党建"对标争先"工作，切实发挥先进典型示范引领带动作用，坚持围绕中心、服务大局，适应新形势，实现新目标，提高党的基层组织凝聚力和战斗力；进一步完善内培外引机制，强化学科领军人才工程建设，实施更加积极、开放、灵活、高效的人才引育机制，不断优化激励机制，以事业留人、以感情留人、以待遇留人。此外，学院还应该在业务工作中不断发展党建，将党建工作与人才培养、科学研究等各项工作有机融合，发挥引领示范带动作用，将党建工作同业务工作通盘考虑，优化考评体系，加大对优秀青年教师的发掘和培养力度，支持新生代领军人才脱颖而出。

参考文献

[1]陈方芳，张明海．习近平新时代中国特色社会主义思想融入高校思政课全过程：回顾、理路与机制[J]．长沙理工大学学报(社会科学版)，2020（2）：127-133.

[2]池晶．高校"党建+课程思政"育人模式初探——以河北经贸大学旅游学院党委为例[J]．党史博采（下），

2019（10）：66-67.

［3］刘於清.党的十九大以来国内习近平新时代中国特色社会主义思想研究综述［J］.湖南广播电视大学学报，2018（2）：43-51.

［4］王秀景.高校课程教学与思想政治教育同向同行机制研究［J］.现代教育科学，2018（5）：88-92.

［5］吴爱萍.推进习近平新时代中国特色社会主义思想"三进"的思考——以"概论"课为例［J］.学校党建与思想教育，2018（3）：62-64.

"三全育人"视域下高校学生管理与思想政治教育融合论析

韩 桢

(新闻与文化传播学院)

2016年12月,习近平总书记在全国高校思想政治工作会议上指出,要坚持把立德树人作为中心环节,把思想政治工作贯穿教育教学全过程,实现全程育人、全方位育人,努力开创我国高等教育事业发展新局面。2017年2月,中共中央、国务院印发了《关于加强和改进新形势下高校思想政治工作的意见》(以下简称《意见》),指出坚持全员全过程全方位育人的基本原则,形成教书育人、科研育人、实践育人、管理育人、服务育人、文化育人、组织育人长效机制。同年12月,中共教育部党组印发《高校思想政治工作质量提升工程实施纲要》(以下简称《实施纲要》),将《意见》精神引向深入,提出构建"十大"育人体系基本任务。可以看出,党和国家对开展思想政治教育工作提出了充分形成系统合力、高度融合各育人要素、持续延展衔接各育人阶段的新要求，为探索高校学生管理工作同思想政治教育协调发展新模式提供了理论依据。在这个模式中，通过良好的管理模式和管理行为影响和培养学生，发挥隐性教育功能，促使思想政治教育渗透到学生管理的各个环节，最终既充分激活学生管理工作中的育人元素，为开展思想政治教育营造良好文化环境，也提升思想政治教育的实效，从而为学生管理工作提质增效增添后劲。因此，探索学生管理工作和思想政治教育的融合，对推进"三全育人"实践创新具有重要现实意义。

一、学生管理工作与思想政治教育融合的内在机理

高等教育范式正在发生变革，在推动高校治理能力和治理体系现代化过程中，"'情理'兼'治理'范式成为高校学生管理的唯一有效出路"[①]。科学、规范、高效、人本的管理模式和管理行为是提高高校学生管理工作实效的重要举措，这客观上要求管理主体、要素、过程必须从"科层制"和"教练式"的伦理窠臼中走出来，将严格规范管理与无声隐性教育结合起来，主动在工作中将管理与服务并举，不断挖掘其中的育人元素，为思想政治教育的有效渗透创造条件。

---

① 信海.高校学生管理伦理之构建——基于"情理"兼"治理"范式[J].滁州学院学报，2018，20（1）：98.

（一）学生管理与思想政治教育具备目标一致性

2017年发布的《普通高等学校学生管理规定》（教育部令第41号，以下称《规定》）第一条指出规范普通高等学校学生管理行为的最终落脚点在于培养德、智、体、美等方面全面发展的社会主义建设者和接班人，这与高校思想政治工作的任务要求高度契合。第三条指出"要坚持依法治校，科学管理，健全和完善管理制度，规范管理行为，将管理与育人相结合，不断提高管理和服务水平"，进一步明确将高校学生管理与高等教育的根本任务相结合。《实施纲要》提出切实构建管理育人质量体系，进一步释放了高校学生管理同思想政治教育有机结合的强烈信号，这显示出党和国家对教育和管理相结合，切实提高高等教育人才培养质量的高度重视和热切期盼。

因此，从高校学生管理层面来讲，坚持科学管理，不断健全管理制度，规范管理行为，保障学生合法权益，提高管理服务水平，客观上为实现高等教育人才培养目标提供了必要条件。从思想政治教育角度看，借助科学管理和优质服务，不断为提高学生思想水平、政治觉悟、道德品质、文化素养，进而实现学生个体的全面综合发展，达到人才培养目的而积极探索，为开展思想政治教育提供了有效的路径支持。由此可见，高校学生管理与思想政治教育的共同目标均聚焦在培养社会主义合格建设者和可靠接班人这一任务之中。

（二）学生管理与思想政治教育具备理念融促性

立德树人是教育的根本任务。高等教育在培养人才过程中必须充分尊重学生的主体地位，坚持以学生为本的工作理念。因此，高校开展学生管理工作需要了解学生思想状况，尊重学生主体意识，遵循学生成长规律，坚持宽严有度、奖惩分明、公正透明，通过科学、规范、高效的管理模式和管理行为赢得学生的情感认同和行动支持。而思想政治教育归根结底是"做人的工作"。开展思想政治教育必然首先要从学生视角出发了解其思想、意愿、态度、行为，理解学生思想和行为背后的逻辑，做到"共情"，然后调动各种资源，采取不同手段，运用育人理念引导学生正确认识事物，全面看待问题，处理好内在需求同现实条件的矛盾冲突，进而解决学生提出的问题或困惑，并将认知和处理问题的方法在其思维中定型，从而实现思想政治引领目的。因此，在立德树人的育人实践中，学生管理与思想政治教育在"以生为本"的理念上存在相互融促的价值向度，其工作思路、工作方法存在交互借鉴的可能。

（三）学生管理与思想政治教育具备职能互补性

高校学生管理工作与思想政治教育在育人过程中既通过共同服务学生成长发展的基本理念实现工作的相互促进，又借助管理和教育的互通内容实现工作的相互联结补充。

学生管理与思想政治教育在立德树人的理念上有机统一。

学生管理工作的主要职能在于通过规范学生行为，维护学校正常的教育教学秩序和生活秩序，保障学生合法权益，服务学生成长发展需要；思想政治教育的主要职能是建构和规范学生的价值观念，对学生的思想认识进行有效引导，让学生坚定理想信念、秉持道德观念、自觉参与实践。两种育人方式统一于服务学生成长成才的理念中，缺一不可。

学生管理工作与思想政治教育工作之间存在明显的理论知识共性和工作内容交集。在理论知识层面，学生管理与思想政治教育工作实践中对哲学、教育学、心理学、管理学、法学、政治学、社会学、经济学等理论知识的运用十分常见，二者在育人实践中运用同一方法分析解决学生问题的情况经常出现，比如通过调查分析法了解管理服务实效和学生思想动态。在工作内容层面，思想政治教育这一系统工程涵盖课程、科研、实践、文化、网络、心理、管理、服务、自主、组织等方面，在具体实施中又通过打造思政"金课"、强调学术诚信、弘扬爱国主义、净化网络环境、健全规章制度等措施开展，而这些措施分别同高校教务、科研、学工、就业、组织等部门密切关联。因而管理部门既要充分利用制度规则创设"教育情境"，又要积极吸纳思政教育工作中的德育元素，促使日常管理工作知识更新、思维转型和能力提升[1]。所以，思想政

---

[1] 宁先圣. 立德树人视域下的高校学生管理工作与思想政治教育协同发展研究[J]. 系统科学学报，2020，28（4）：60-64.

治工作和学生管理工作的职能互补性特征表现突出，为二者融合发展提供了动能。

（四）学生管理与思想政治教育具备效果互促性

学生管理工作科学高效开展是增强思想政治教育实效性的必要基础。科学的学生工作管理模式和管理行为对思想政治教育实效性的增强具有重要意义。首先，科学高效的学生管理为提升思想政治教育质量提供必要保障。将思想政治教育有效渗透到高等教育管理各个环节是新时代开展思想政治教育的现实要求。高校学生管理工作中强化"以生为本"的管理服务理念，充分尊重学生的权利诉求，努力维护和保障学生正当权益，为实现学生自我管理、自我引导、自我服务、自我教育创造条件，由此形成校园和谐稳定的氛围，为开展思想政治教育创造良好空间。其次，学生管理为思想政治教育提供丰富多样的融嵌载体。管理育人的实现必然要明确管理行为中蕴含的教育属性，深挖管理流程中的育人元素，不断创新管理思路、方法、工具，这将为"因事而化、因时而进、因时而新"的思想政治教育概念的有效落实提供条件。

思想政治教育功能的实现工作为学生管理提质增效增强内生动力。思想政治教育在价值引导功能和发展创新方面为高校学生管理工作提供了目标定位和相应活力。首先，思想政治教育着重强调的价值引导功能有利于学生管理工作强化服务学生发展的价值信念和整体目标。这从党和国家先在《意见》中指出思想政治教育的指导思想，然后通过《实施纲要》提出构建"十大"育人体系并将高校学生管理工作纳入其中可以明显看出。其次，管理本身的教育功能不能被忽视。思想政治教育将法纪、道德、规范、公正等观念传递给学生，同时在学生管理工作中，具体的管理行为也将这些观念和意识进一步植入学生的学习生活，并对其思想、人格形成产生影响，实现隐性教育效果。最后，思想政治教育手段和方法创新受时代和形势发展影响较为直接。为了提高针对性和实效性，思政教育借助前沿理论、时事热点和信息化载体不断发展创新，为学生管理提供新的任务和内容，也间接为学生管理模式的转型、创新提供外部压力，进而加速学生管理服务工作提质增效。

二、学生管理工作与思想政治教育融合的主要困境

（一）学生管理与思想政治教育主体间存在价值取向冲突

一是行为逻辑起点差异。从传统意义上讲，高校学生管理主体主要指涉及学生工作各项事务工作的行政部门，思想政治教育主体主要为高校辅导员和思政课教师。高校辅导员因为负责学生日常事务管理和思想政治引领而具有管理者和教师的双重身份，但履行部分管理职能并不意味着辅导员就是高校学生管理主体。实际情况是辅导员通过落实管理部门

工作要求并反馈实际效果从而为高校学生管理工作决策部署提供依据。从这个意义上讲，辅导员在管理主体和管理对象之间更多是发挥桥梁和纽带作用，而且在这个过程中，辅导员参与了学生具体事务管理，因而具备了管理者身份。因此，单纯从管理角度看，高校学生管理主体仅仅指各学生事务管理部门，辅导员乃至学生最多是管理中的参与主体。学生管理主体的主要目标在于通过设定可量化、分层次、有关联的指标，注重过程控制，完善考核体系进而有效完成学生管理工作各项内容[①]。而思想政治教育主体的主要目标在于通过学生日常事务管理、党建带动团建、职业生涯指导、心理健康教育、危机事件干预、网络思想政治教育等具体工作实现对学生的思想引领。由此推之，学生管理与思想政治教育的行为逻辑起点便存在差异，这是二者在融合中必须正视的冲突。

二是育人侧重点差异。在推进"三全育人"和构建"大思政"格局背景下，高校学生管理主体和思想政治教育主体间的边界逐渐模糊，协同乃至融合发展是新时代立德树人实践的必然趋势，但这并不意味着主体间要完全融合而丧失自身的特有属性。新形势下，高校学生管理工作在范式上、呈现方法上由"他控"走向"自控"，主体由单一变为多元，过程由机械走向协同，目标由统一走向多样，评价由效率走向公

---

① 马宪涛，袁修军，郭言杰，等.目标管理在高校学生管理中的应用[J].黑龙江科学，2020，11（23）：126-127.

平[①]，但整个管理行为在本质上不会改变，最终落脚点仍在于治理。而思想政治教育主体（尤其是高校辅导员）的定位是"学生成长成才路上的知心朋友和人生导师"。从这个意义上讲，思想政治教育主体在育人过程中更多要遵从情理—事理—法理的先后逻辑顺序，且最终落脚点在于引领。在育人侧重点方面的差异是二者融合发展需要注意的事项。

（二）学生管理与思想政治教育在形式上存在工作理念偏差

一是工作内容性质认知差异。学生管理部门主要利用制度规则创设规范化管理情境，通过教务、科研、后勤、学工、就业、组织、网络等具体领域的管理实践达到约束教化目的。因此，管理主体在实施各类管理行为时，对管理内容设计、过程控制、效果评估、优化完善等问题较为看重，并自上而下地通过任务书、指标等形式下达到具体管理人员，最终从管理人员处收集解决问题的思路和建议。思想政治教育本身是一个庞杂的系统，实施内容也主要通过具体学生日常事务体现出来，且在具体工作中相较学生管理工作更尊重学生的主体性。但问题是，因为思想政治教育主体身份的双重性乃至多重性，大量的具体学生日常管理事务占据教育主体很大

[①] 金绍荣，田再悦. "情理"兼"治理"范式的高校学生管理伦理构建[J]. 现代教育管理，2016（4）：119–123.

一部分精力，导致其对行政工作、教学工作或本职管理工作则力有不逮。而学生管理主体对思想政治教育主体（特别是辅导员）身份更多侧重其管理者属性，忽视其教育者属性。因而两者在具体工作理念上存在偏差。

二是工作量化考核标准差异。学生管理工作考核指标可以根据涉及学生成长发展的具体事务来设定，比如就业质量、参军入伍人数、实践创新成果、学术竞赛成果等。而在思想政治教育中，亮点不会频繁出现，效果也难以直接量化[①]。比如思想政治教育虽然通过就业指导工作同步进行，但最终引领效果并不能简单用就业率高低来评价。辅导员对学生开展就业政策宣讲、就业择业观念引导、求职技巧点拨，最终并不能直接影响学生的就业去向。因此，学生管理工作与思想政治教育工作量化考核标准的差异也将影响二者融合发展的效果。

（三）学生管理与思想政治教育在条件上存在内外环境制约

一是学生管理制度缺乏弹性。高等教育大众化以来，伴随着我国经济社会环境的巨大变化，高等教育管理体制改革的进程也逐步加快。党的十九届四中全会提出要加快推进社

---

① 任海华. 高职辅导员功能实现的偏差及归正［J］. 高校辅导员学刊，2016，8（4）：28-32.

会治理体系和治理能力现代化，高校治理能力建设和治理体系建设问题再次被重视。特别是在2020年年初，新冠肺炎疫情突如其来，许多高校的治理能力受到冲击，引发关注。在新一轮的高等教育改革中，高校管理制度建设仍然需要与时俱进，不断探索创新。传统的学生管理制度不健全，现有的管理规章不科学，新型管理制度建设仍在探索，新老制度交替衔接不畅，这与学生日益增加的多样化、个性化需求明显冲突，在此环境下，思想政治教育工作也面临对象认同度不高、参与性不强的境遇。

二是思政教育实施主体引领水平和精度深度差异。其一，知识水平和学科背景差异。除了基本知识储备，对新思想的学习掌握运用程度、对新技术的学习运用能力、对常规性思路的创造性运用、不同学科背景掌握的分析思路和分析工具的差异导致看待问题角度的不同，对思想政治教育的整体把握和具体实施存在的高度和视野的差异影响着思想引领的格局。其二，思想引领精度深度差异。首先是思想引领深度不够。因为任务分工、业务专长、行政事务、个人偏好等因素，难以要求思政教育主体都是"多面手"，实际上，工作方式多为"蜻蜓点水"式，缺乏在某些领域深耕细作的动力和精力。其次是思想引领精度不高。一方面是问题意识不够，常常陷入被动处理学生琐事的"泥淖"而无法及时总结发现问题；另一方面是不善处理、有意回避尖锐问题，对于学生群体中出现的过度功利化倾向、历史虚无主义思潮、政治敏锐性较差等现实尖锐问题，迫于学生、家长、学校、社会等方面的压力，不敢强力发声、勇敢"亮剑"。这些情况导致思想政治教育实效性不强，反过来导致其无法为学生管理工作的提质增效提供内部动力。

三是参与主体间协同效度不高。在"三全育人"实践中，学生管理工作应当将尊重学生的主体性视为重要的内容，但这并不代表学生真正成为管理主体，最多是重要的参与主体。同理，辅导员、社会、家庭等也是参与主体。这里仅讨论辅导员、学生和家庭与高校管理主体的协同情况。其一，辅导员与管理主体协调机制不健全。部门间的管理水平、服务意识、协调能力的差异导致学生对管理服务实效产生不同观感，辅导员在处理学生具体事务中又不免同时受到来自具体业务部门规则的要求和从学生那里传导而来的双重压力，其作为管理主体与管理对象的桥梁和纽带的作用并未有效发挥。其二，学生的差异化、个性化诉求与管理目标存在天然冲突。除了高校学生管理中的"僵化"因素不符合学生预期之外，即便学生管理主体从实际出发正确实施各类管理行为（如疫情防控常态化期间封闭管理），维护学校安全稳定，也并不能完全符合学生差异化、个性化的诉求。其三，家庭在育人体系中的作用未有效体现。学生大部分时间在学校学习和生活，与家庭的联系存在物理上的隔断，学生和学校未有意识地通过其他手段加强家长与学生、学校的联络。家长本身要么没有强烈意愿与学校联系，要么虽有意愿但无有效渠道，这都导致家庭在协同育人环节存在功能性缺位。

三、学生管理工作与思想政治教育融合的基本路径

学生管理工作与思想政治教育融合的理路在于合理协调主体间职业伦理冲突,以科学管理促进思政教育全面渗透,做好协同发展顶层设计,有效发挥思政教育在学生管理方面的主观能动性,进而实现二者的协调发展。

(一)价值取向:结合工作实际建构职业伦理

第一,正确协调管理和教育关系。高校学生管理主体的管理者属性毋庸多言,即便在构建管理育人体系中,人性化、科学化、规范化的管理模式也只是手段,管理行为最终落脚点是实现管理的提质增效,同时服务于人才培养目标。当然,管理主体需要通过科学高效的管理范式为思政教育的渗透创造条件。这就需要管理主体确认思想政治教育主体的教育者身份,特别是辅导员的教育者身份。作为从事德育工作和开展大学生思想政治教育的骨干力量,辅导员作为"教育者"更加有助于开展思想政治教育[①]。当然,无论从思想引领的内容还是工作实际来看,辅导员的管理事务工作无可避免,但事务性工作与思想引领存在边界和区别。在确定事务性工作

---

① 王路,双传学. 高校辅导员工作规律初探——从思想政治教育影响到效果[J]. 江苏高教,2018(2):39-42.

与思想引领工作的边界划分和区别标准时应从是否有利于开展学生管理服务、是否有利于营造"三全育人"的整体氛围、是否有利于实现思想政治教育目的三个方面判定，避免辅导员陷入"事务陷阱"。

第二，培养自主意识。不论是管理主体还是思想政治教育主体，在"三全育人"体系中都需要结合工作实际能动地开展自我管理和自我教育。一是主动参加系统培训学习，以工作实践为导向，通过专题研修、经验座谈、案例分析等形式开展有针对性、系统性的职业培训。二是具备理论研究意识。一方面要系统全面深入学习习近平新时代中国特色社会主义思想，在思想上成为党的教育方针的坚定维护者和自觉执行者；另一方面要积极开展理论研究，对工作领域的热点话题、理论前沿问题进行分析研究。

（二）工作理念：科学管理促进思政教育全方位渗透

第一，坚持"以生为本"理念，做到管理和服务并重。一是转变观念，强化育人导向。高校学生管理从观念上应进行行为管理到思想引导的转变，从而实现思想约束行为的有效性管理，注重将管理行为做到学生心里，寻求学生情感共鸣，进而促使其完成道德素质进化。在具体实践中要摒弃"出现问题—解决问题"的单一思路，要在主动发现问题、解决问题中关联问题，注重收集学生的反馈信息，真正将管理和服务有机融合，增强育人功能。二是完善机制，提高管理效率。

应顺应学生成长规律，整合学生管理和思想政治教育工作中的各类资源，尽可能消除主体间的信息沟通屏障和管理条块隔阂，加快建立互动互融的育人"同心圆"。三是搭建平台，优化服务流程。围绕"以生为本"的管理服务理念，利用互联网搭建大数据平台，整合学生日常管理事务终端，打造一体化、一站式管理服务，切实提供快捷、高效的管理服务。

第二，坚持一切从实际出发，实现学生管理和思政教育的强耦合。一是结合实际开展学生管理工作。针对高校行政管理资源、资金配置现实，把相应的人、财、物资源合理投入学生管理工作，以改善和提高学校管理服务设施、营造浓厚人文氛围为目的，坚决杜绝"面子工程"、形式主义等不切实际的管理行为。二是重点面向学生日常教学活动开展管理、教育工作。学生的主责主业是学习，高等教育的主要任务也是让大学生获得实现自身综合发展的各种知识技能。因此，高校学生管理和思想政治教育也必须侧重学生的日常学习生活，围绕与学生密切相关的重大节日、庆典纪念活动开展管理、服务育人工作，这样才能更好实现育人目标[1]。三是思想政治教育向学生日常事务管理贴近。思想政治教育并不是一个孤立、高高在上的概念，它与学生的学习生活紧密关联，与现实、常识、生活非常贴近。因此需要让思想政治教育发

---

[1] 张龙娇.新形势下高校学生管理工作者如何加强思想政治工作［J］.吉林广播电视大学学报，2020（10）：139-140.

挥近距离、生活化、易实施的特征和优势，让非思想层面的近吸式教育模式得以有效建立[①]，从而在推动日常思想政治教育的同时增强学生管理工作的引力和活力。

（三）内外环境：做好协同发展整体推进的顶层设计

第一，有效整合管理服务资源。一是构建有利于协同效应发挥的工作体系。高校管理要注重在顶层设计上推进机制改革，加快完善制度结构的科学性和系统性，有计划、分步骤、抓统筹，将相关工作落实到位，实现思想政治教育和学生管理工作在协同中有序、有度、有力开展。二是构建主体间沟通协作的平台。高校学生管理与思想政治教育融合发展的关键在于各主体间实现有效的沟通和协作，因此要通过有效的沟通和协调机制连接育人要素的关键节点，打造"三全育人"实践共同体的基础平台。高校可从组织结构、评估反馈、制度规范等方面推进学生管理系统的整体优化，发挥学科间联动效应，促进教学与管理之间的渗透，不断加强思想政治教育和学生管理服务工作，服务学生全面发展[②]。

第二，推动建立家校合作共育机制。"三全育人"理念要求承担思想政治教育主要任务的高校充分调度校内外各类

---

① 宁先圣.立德树人视域下的高校学生管理工作与思想政治教育协同发展研究[J].系统科学学报，2020，28（4）：60-64.

② 杨小磊，李保英.高校学生工作体系的系统构建与整体优化[J].系统科学学报，2017，25（1）：81-85.

资源，构建好"十大"育人体系。因此，在开展思想政治教育过程中必然涉及家庭和社会的协同配合。除了争取社会资源的支持，家庭作为学生最初成长的自然单元，在学生成长成才过程中发挥的作用不可或缺。一方面，要将把思想政治教育融入家庭教育的理念传递给家长，避免家庭在教育学生过程中缺位或越位，尽可能为学生成长发展提供一个自主、开明、和谐的家庭环境，注重言传身教、家风浸染和持续激励，避免过度干预和持续负性评价。另一方面，家长要有意识地参与学校管理。学校及时向家长提供学校管理服务信息和学生在校学习生活情况，家长及时提出自己的诉求和建议，与学校良好互动，形成家校共育合力。

（四）主体赋能：有效发挥思政教育的自主能动性

第一，提高思想政治教育在学生管理工作中的自主性。一是强化自主管理实践能力。要适当将部分管理权限下放，提高思想政治教育在学生管理工作中的渗透度和参与度，让思想政治教育主体深入参与到学生事务管理、心理辅导、就业指导服务、党团建设中，努力打造"一专多能"的复合型思政工作队伍，更多探索用思政教育方法论解决现实矛盾的思路与方法，改善管理活动质量，实现柔性管理。二是完善学生自我管理自我教育机制。自我管理、自我服务是高校学生管理工作发展的一大趋势。因此，高校应结合思想政治教育基本特点，利用管理服务平台，适当将部分管理权限赋予学生群体，比如以学生宿舍楼为基本单元建设综合性社区，将党建、团建、文化建设、社区治理等内容直接纳入学生社区，用扁平化的管理体制促进育人功效的提升。

第二，提高思想政治教育方式的多样性。要运用新媒体、新技术使工作活起来，推动思想政治工作传统优势同信息技术高度融合，增强时代感和吸引力。要借助各类新兴信息技术与媒介打破育人时间、空间上的桎梏，创造全方位、立体化、更直观的育人条件。一是要具备强烈的信息服务意识，用互联网思维思考新时代思想政治教育的新问题和新方法，将传统优势与新媒体、新技术有机融合。二是了解各种网络技术，掌握一定的网络平台操作和信息技术技能，学会在青年人集聚的网络文化社区用青年人喜闻乐见的视听语言传递教育观念。三是需要进一步探索新媒体环境下提升思想政治教育实效性的方法，借助统计学等实证研究方法清楚分离网络中的积极和消极因子，有针对性地提出培育和遏制手段，以提升学生管理和思政教育的互联网思维能力与行动力，进而提升二者在育人实践中的深度与广度。

以心记情：疫情期间观察日记在网络思想政治教育中的运用

何 强

（工商管理学院）

新冠肺炎疫情给大学生思想政治教育工作带来了诸多挑战，网络成为思想政治教育的重要手段和平台。作为武汉高校辅导员，如何用心用情陪伴和教育刚到武汉求学半年之余的大一新生，如何引导学生在战"疫"过程中的理性和情感，如何讲好抗疫故事，都是我们网络思政工作面临的新问题。为此，中南财经政法大学工商管理学院面对627名大一学生开展"商察——'00后'大学生的观察日记"活动，将观察日记运用到网络思想政治教育之中，师生共同以心记情，相守相伴，共克疫情。

一、问题的提出：疫情期间如何提升网络思政的效果？

2020年，新冠肺炎疫情促发高校思想政治教育形式和内容的转变，网络在高校思想政治教育中的作用愈发凸显，如何理性应对疫情成为辅导员开展思想政治教育的重要内容。但网络所带来的理性与情感的冲突为网络思想政治教育开展带来了一定的现实困境。特别是疫情期间，"多样化的声音的存在""不一样的观点的矛盾""真假难辨的所谓事实"给辅导员在网络思想政治教育中引导学生的价值判断带来了挑战，说理式的教育在网络中发挥的作用可能大打折扣，而更好地与学生建立情感联系，引导学生用心去观察社会，用情来表达价值，更能提升疫情期间网络思想政治教育的效果。

如何有效地将情感作为疫情期间网络思想政治教育中辅导员和学生的连接点？如何将说理式教育转变为情感式教育？如何发挥学生在网络思想政治教育中的主体作用？疫情期间如何基于情感引领学生做出正确的价值判断？大学生如何理性地发出声音？这些都是值得我们思考的问题。

二、问题的解决：疫情期间观察日记在网络思政中的运用实践

也许从小学开始，老师就会让我们写日记，大多数同学都曾有过自己珍藏的一本日记本。顾名思义，日记就是记录

你每一天的故事，其中更多是事实与情感的记述。从学理上说，日记作为一种文体，属于记叙文性质的应用文。其实，日记就是对生活的观察和记录。在新闻传播学中，新闻采访是新闻业务的重要一环，观察则是新闻采访的重要手段，每一个新闻传播学子都大量地撰写过观察日记，每一个新闻记者都有自己的观察日记。观察日记对于我们认知社会、了解社会、记录社会、评价社会具有重要的作用。

辅导员最首要的职责就是思想理论教育和价值引领，这要求辅导员引导学生深入学习习近平总书记系列重要讲话精神和治国理政新理念新思想新战略，深入开展中国特色社会主义和中国梦宣传教育以及社会主义核心价值观教育，帮助学生不断坚定中国特色社会主义道路自信、理论自信、制度自信、文化自信，牢固树立正确的世界观、人生观、价值观；掌握学生思想行为特点及思想政治状况，有针对性地帮助学生处理好思想认识、价值取向、学习生活、择业交友等方面的具体问题。

辅导员要做好思想理论教育和价值引领，除了进行一些理论教育以外，更重要的是引导学生进行社会实践，并且引导学生在实践中进行观察并通过自己的观察建立对社会的认知。在这个环节，除了发挥辅导员的主导作用外，还需要发挥学生的主体作用。因此，观察日记可以作为辅导员开展价值引领的有效方式之一。

2020年年初，中南财经政法大学工商管理学院2019级本科生办公室给627名学生布置了一份"寒假作业"，要求他们在假期观察家乡的红色景点、红色经济、红色文化，撰写一篇《商察——"00后"大学生的观察日记》，旨在通过引领大学生进行社会观察，用日记体的形式记录红色文化，表达红色情感。但受疫情的影响，年级办对寒假作业也做出调整，要求学生观察疫情期间的人和事，用心撰写观察日记，记录自己的社会体察，讲好疫情期间自己的观察故事。学生撰写的观察日记依托"晓南初心工作室"微信公众号进行展播。

在学生撰写的观察日记中，不仅有对红色景点的介绍、对红色文化的解读，还有疫情中的社会万象、学生志愿服务的感受与体验等。例如，《疫情中的"星星之火"》记录了经贸1903班入党积极分子M同学参与社区疫情防控志愿服务的故事。在日记中，她写道："大难当前，我看到的是随处可见的人性光芒。个人的力量确实很渺小，但能够守护一个是一个。做些力所能及的事情，相信一切会好起来，以青春的名义宣示我们'不惧''不退'，承担起属于自己的那份责任，写下抗击疫情的青春诗行。此刻，我只想做一些有意义的事，只想做一个有责任有担当的人。在国家危难时刻尽一点力，哪怕只是星星之火，但是我知道在最黑的黑夜里，火光会吸引火光。如果可以，我想邀请所有同学用自己的方式去做一些贡献。星火虽小，但可燎原。"正是这样的观察，让她看到了国家的担当，同时她也抒发了自己青春的担当。在主题班会中，她依托这篇观察日记讲述了自己志愿服务的经历和体会，描绘了自己在疫情期间的青春蝶变，让同学们体会到"国家对我们负责,我们对自己负责,也对国家负责"。再如,《这个春天,并不会因疫情而寒冷》记录了经贸1903班团支书L同学作为"逆行者"的故事,也讲述了他对其他"逆行者"的观察。他在日记中写道:"正是这些'逆行者'组成的群体形成了战'疫'的中坚力量,也担当了让中国如此迅速扭转疫情局势的绝对主力。作为新时代的团员青年,我们更应该履行团员义务,担当青年使命,献出自己的微薄之力,哪怕是小小的志愿服务。要知道,海洋也是由无数渺小的水滴汇聚而成的。"在日记中,他发出新时代团员的声音,这正是新时代团员的一种主流价值的抒发。

总之,这些观察日记不仅仅记录了"00后"大学生的观察和体悟,更能体现出他们的主流价值取向,表达了他们对国家的认同。因此,在疫情期间开展网络思想政治教育是具有较大意义的。学生通过一篇篇观察日记来表达自己的价值取向、社会认知,展示他们眼中的世界、中国,表达他们内心的情感。这正是学生在网络思想政治教育中发挥主体作用的生动体现,也是情感教育在网络思政中的运用。

三、问题的优化:关于提升观察日记在网络思政中效果的几点思考

(一)提升观察日记的温度,引发师生共鸣

目前,我们的观察日记重点在于让学生去看、让学生去

写、让学生去说，发挥学生的主体作用。但是，辅导员在网络思想政治教育中的主导作用不可小觑，要让老师的主导作用和学生的主体作用结合起来，真正体现观察日记的情感温度，让老师与学生产生共鸣。这种作用就体现在辅导员的"辅"和"导"上面。一方面，辅导员在学生撰写观察日记的过程中要有指导和把关，要引导学生观察、引导学生思考，有时甚至可以给学生一些"命题作文"，主动让学生去思考社会现象，去学习主流价值，等等。另一方面，辅导员也可以撰写观察日记，以身作则，以自己的观察引导学生的社会观察，例如，本年级辅导员水晶晶老师在疫情之初便撰写了一篇"80后"的观察日记——《在这场疫情中，如何学会理性和坚强》。在日记中，她回答了一些学生比较关注的问题，例如"我不舒服，是不是可能被传染了""面对海量信息的传播，到底应该相信谁""自己/亲人/朋友不幸感染新型冠状病毒怎么办"等，以此来引导学生理性对待疫情，坚强面对生活。

（二）提升观察日记的深度，让理性与情感并进

在网络思想政治教育中，我们强调要有理性引导，也要有情感传播。在目前学生撰写的观察日记中，个人故事成为学生记录的重点，大家抒发的更多是个人情感，这是一种微观叙事的手法。"如何讲好中国故事"是我们一直在探讨的话题，在观察日记中融入宏观叙事，将中国的故事、世界的故事融入学生的观察之中，提升观察日记的深度，要展现出

一个情感中的中国，更要展现出一个理性中的中国，让理性与情感并进。因此，辅导员要引导学生在撰写观察日记时将微观叙事与宏观叙事结合起来，引领学生跳出自身的局限，用当代青年的眼光和笔墨去讲好新时代的中国故事。

（三）提升观察日记的效度，让网络与现实连接

目前，我们的观察日记主要通过微信公众号平台展播，但受到传播条件、学生兴趣、日记质量的影响，传播效果有限，发挥的教育价值也受限。因此，如何打破网络与现实的隔阂，将二者连接起来，真正发挥观察日记在思想政治教育中的作用，提升观察日记的效度，是需要突破的瓶颈。我们也尝试在疫情期间的线上主题班会中融入观察日记的展示，让讲述者分享自己的故事，分享自己的观察，分享自己的情感，在一定程度上将观察日记的效果扩大化。因此，在今后的工作中，我们可以尝试将观察日记与主题班会、团日活动、谈心谈话等结合起来，让观察日记跳出网络，把网络的影响力扩大到现实之中。

综上所述，疫情给我们的教育方式带来了冲击和改变，观察日记在网络思想政治教育中发挥了一定的效用。今后，我们将继续创新工作方法，发挥观察日记在思想政治教育中的更大作用，提升观察日记的温度、深度、效度，以心记情，让网络思想政治教育活起来。

铸牢中华民族共同体意识视域下大学生科学民族观的培养路径研究[①]

尼加提·艾买提

（工商管理学院）

现代高考制度的实行使得我国各民族青年大学生得以从全国各地相聚于同一所大学，各民族大学生共同学习和生活的过程本身就是民族交流与交融的一个过程，同时，大学生是各民族居民中知识水平和文化素质相对较高的群体，是各民族发展的重要人才储备，因此，在构建新型民族关系的新时期，必须重视大学生科学民族观的培养和实践，增强大学生对中华民族共同体的认同感。本文在铸牢中华民族共同体意识的视域下，在政治社会化的理论框架下对做好新时代大

[①] 本文系中南财经政法大学2022年度基本科研项目"'六帮共进'开展高校大学生铸牢中华民族共同体意识的实践与理论研究"（项目编号：2722022DS022）阶段性研究成果。

学生科学民族观的培育展开研究。

一、科学民族观的内涵

民族观是指各族人民在长期的生产生活过程中，通过相互交往、相互融合的实践而形成的对民族问题、民族关系以及民族政策的总体认识和根本观点。民族观是各族人民的民族认同、民族认知和民族情感的总和，它不仅是对民族问题和民族关系的客观反映，而且是一种特殊的政治意识形态，对于各族人民的民族实践活动具有重要的指导意义。民族观是一个历史的范畴，在不同时期有不同的内涵。长期以来，我国历代政治家、学者都对民族观进行了深入的研究，先秦时期的各大学派根据自身的思想提出了对民族问题的看法，儒家学派提出"和夷"，道家学派提出了各族人民自然相处的民族观，墨家则提出了兼爱的民族观[1]。这一时期的民族观呈现出多元与融合的特点，虽然观点各异，但都说明了应该在保证中原华夏民族主导性的前提下和谐相处，这也成为此后历代明君处理民族关系和民族问题的基本准则。秦汉时期建立了大一统的中央集权制国家，这种大一统的思想也深深地影响了统治者和人民的民族观，儒家思想的地位进一步巩固，"华夷一统"的大一统民族

---

[1] 曾文方. 先秦诸子民族观的多元与兼融[J]. 西北民族研究, 2007(2): 166–173.

观初步形成①。此后历代,虽然由于汉族与少数民族政权实力对比的变化,汉族政权与各少数民族政权之间时有战争,但是各民族之间相互融合的大一统趋势仍然是不可逆转的。马克思主义思想的传入为无产阶级科学民族观的形成提供了指导,它揭示了世界民族问题和民族关系发展的客观规律,历代中国共产党人结合中国实际情况,将马克思主义民族观运用于民族工作实践中,创立了以"民族平等、民族团结和共同繁荣"为主要内容的民族观理论,这是中国历史上迄今为止最为全面、最为科学,也是经过实践检验最为有效的民族观②。主要内容包括中国共产党在长期实践过程中形成的民族理论和民族政策,具体说来有:促进民族平等、维护民族团结、尊重民族差异、保护民族文化、实行民族区域自治等。中国化的马克思主义民族观是党和国家解决我国民族问题、处理民族关系的科学依据,也应该成为我国当代大学生认识民族问题和指导民族实践的重要支撑。

二、政治社会化:影响民族观认同的理论分析框架

政治社会化通过将社会学的思想应用到政治学中,提出

---

① 袁宝龙. 秦汉时期民族观的嬗变[J]. 中国社会科学院研究生院学报,2014(5):120-124.

② 王训礼,马新林. 试论马克思主义民族观的产生、形成和发展[J]. 东岳论丛,1999(2):49-53.

政治观念、政治文化和政治意识形态的形成和传播是一个包含多主体的社会化过程。李元书是最早将政治社会化理论引入中国的学者,他指出,政治社会化是指社会个体在政治生活和政治互动过程中学习、理解政治文化、政治制度和政治生态,从而形成个体独特的政治观念和政治人格,并将其用于指导政治实践的过程[①]。此后,众多学者开始结合中国实际问题,探索政治社会化的具体路径。王军峰等指出,政治社会化的路径包括官方途径、非官方途径以及个体自我内化路径[②]。吴春梅等在政治社会化理论的具体应用中将政治社会化路径划分为政治学习与内化、社会传播、文化传承与整合以及社会环境影响四个方面[③]。民族问题和民族关系是具有政治性的,民族观是处于政治社会中的个体对民族问题和民族关系的总体认识,个体用它来指导自己的民族实践,因而,从本质上来说,民族观是一种政治意识形态。大学生对马克思主义民族观的学习和实践实际上也是一个政治社会化的过程,大学生对马克思主义民族观的认同不仅受到个体学习和内化的影响,还受到社会相关舆论、主流文化传播以及社会环境

---

① 李元书. 政治社会化: 涵义、特征、功能[J]. 政治学研究,1998(2): 18-26.

② 王军峰,周贤君. 论我国传统社会政治社会化路径的多维整合[J]. 齐齐哈尔大学学报(哲学社会科学版),2011(6): 34-37.

③ 吴春梅,郝苏君,徐勇. 政治社会化路径下农民工主流意识形态认同的实证分析[J]. 政治学研究,2014(2): 90-103.

的影响。根据以上理论分析，本文构建了图2所示的理论分析框架。

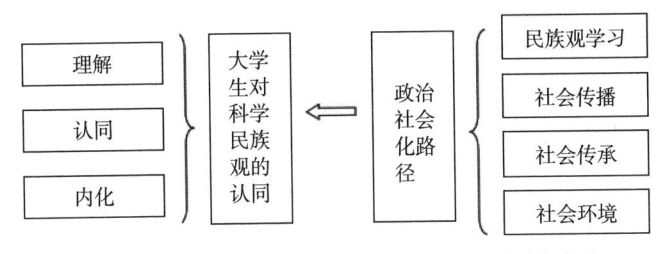

图2 影响大学生对科学民族观认同的理论分析框架

三、大学生科学民族观构建的政治社会化路径

第一，民族观教育和学习。民族观教育和学习是指大学生在政治社会化过程中，即长期的学习、工作和生活过程中，对民族相关理论和政策的学习和思考，这是影响大学生对科学民族观认同的重要因素。具体说来，包括在受教育过程中对民族理论和政策进行系统的学习、大学民族活动的举办、政府进行的民族理论和政策的宣传以及大学生自觉学习相关民族知识。

第二，社会舆论传播。社会舆论是对社会客观现实的反映，不仅能够影响人们对客观事物的认识，而且能影响人们的实践活动。处于政治社会中的大学生对科学民族观的认同状况也必然会受到民族相关问题的社会舆论传播的影响，具体说来，包括社会舆论、传统媒体与新兴网络媒体三个方面。

第三，文化传承与整合。文化传承与整合是指对传统文化的传承，对西方文化、现代城市文化的整合。目前，我国正处于东方与西方、传统与现代、城市与农村文化大融合时期，这使得我国大学生在民族观的形成过程中必然会受到多元文化的影响。

第四，民族交往环境。我国大学生进入大学后普遍能够较好地与不同民族的同学进行交往，民族界限和地域界限在民族交往中已经逐步淡化，大学生们能够以更开放的姿态去学习和了解其他民族的文化、风俗等。

四、做好高校大学生中华民族共同体意识教育的思考

目前，我国大学生对科学民族观的总体认同程度较高，尤其是在理解和认可层面，绝大部分大学生都能较好地理解和认可我国处理民族问题的基本原则和民族政策，这将为促进我国大学生在构建新型民族关系中发挥积极作用提供精神动力和价值指导。但依然存在一些问题：部分大学生对我国现行民族政策的理解不够全面，尤其是对民族政策相关的基本内容了解较少，这也导致了对部分民族政策的认可程度不高；此外，科学民族观的内化和实践程度明显偏低，实践是马克思主义民族观教育应该坚持的根本价值取向，对大学生科学民族观的培养还要进一步挖掘广大大学生内化和实践科学民族观的动力。对此，根据政治社会化路径现状的分析，

本文提出以下建议。

加强科学民族观的教育和宣传。思想政治理论建设和教育是我国民族工作顺利开展的重要保障，促进大学生对科学民族观的认同和内化需要进一步加强马克思主义民族观的教育和宣传。具体说来，应该进一步规范各阶段学生的思想政治理论课程的教育，在小学、中学和大学都应该有相应的思想政治理论课程，针对我国的民族知识、民族关系、民族历史、民族文化和民族政策等进行系统的宣传，使我国大学生全面、科学地认识我国民族关系现状，理解、认同我国民族政策，并付诸实践。此外，应该创新科学民族观的宣传方式，及时更新宣传内容，积极利用各种网络平台对科学民族观进行宣传。

规范舆论传播。大学生对科学民族观的认同状况受到相关舆论的影响。一方面，要提高主流媒体对民族关系和民族问题报道的客观性和真实性，各大报纸和电视台是政府宣传民族政策、阐述民族理论的主要平台，也是广大大学生了解和学习科学民族观的重要渠道，政府在处理相关民族问题时应该坚持公开、透明的原则，及时、客观地公布真实情况，提高传统媒介的真实可靠性；另一方面，应该规范网络等新兴媒介在舆论传播过程中的行为，要尽快建立健全规范网络舆论传播的法律规范，将网络舆论纳入依法治理的范畴中。

重视民族文化的传承与整合。民族观是一种内化的文化形式，其产生和发展受到个体文化背景的影响，增进大学生对科学民族观的认同应该重视文化的传承与整合。具体说来，一是要重视传统文化的传承。我国传统文化中有许多关于民族相处、民族共生的经典论述，同时各民族在长期的生产、生活过程中培育了灿烂的民族文化，这些文化对于增进民族认同和民族团结有重要意义，因此，对大学生科学民族观的培养应该重视此类优秀的传统文化的教育和传承；二是要重视对全球不同文化和现代文化的整合。现代社会是一个开放的社会，大学生受到多元文化的影响，这对于培养大学生的国际视野和创新意识具有良好的推动作用，但不可否认的是，西方文化中也存在一些不适应我国实际情况的文化，如果一味地吸收，会给我国民族团结带来不利影响。

构建包容共生的社会环境。大学生作为政治社会中的个体，必然会与其他个体发生社会交往，而且由于大学环境与中学迥异，各民族学生在大学这一特定的空间中共同学习、生活，这就需要大学生在交往的过程中坚持以科学的民族观为指导，坚持包容、开放的心态，积极与其他民族的同学、老师进行沟通、交流。高校也应该积极举办各类活动，为各民族大学生相互交往和交融提供平台，在促进各民族大学生交流和学习的过程中，增进他们对我国民族关系的认识，增强各民族大学生对中华民族的认同，进而使其形成科学的民族观。

依托学术沙龙助推思想政治教育创新与发展[①]

赵 君 韩怡萍 魏晨雪

（公共管理学院）

在高校中开展思想政治教育，有利于大学生形成正确的思想观念，树立正确的人生目标，积极投身社会主义建设。然而，我们也应当意识到当前思想政治教育存在诸多问题，如形式化严重、教学内容单一、缺乏资源支持等。因此，从事思想政治教育不仅要充分领悟其重要性，同时要响应党和国家对思想政治教育的殷切期望，更应当意识到拓展思想政治教育内容和形式的必要性。

学术沙龙是一种小范围学术交流的形式，具有思想言论自由和学术性较强的特点，可以为学生自由交流、合作研究

[①] 本文系2021年度中央高校基本科研业务费（思政教育研究）项目"'三全育人'视域下研究生导师和辅导员协同育人的路径研究"中期研究成果。

提供平台。在多年的教育教学实践中,我们发现学术沙龙不仅可以营造良好的学术氛围,还可以增强导师与学生之间的交流,让导师及时了解学生的思想动态。将思想政治教育与学术沙龙衔接,旨在用学生易于接受的形式培养他们正确的思想观念和远大理想,营造正面的、积极向上的学习氛围,鼓励有志青年投身社会主义建设,为实现中国梦贡献自己的力量。正是因为开展思想政治教育所带来的益处良多,在强调思想政治教育重要性的同时,也需要思考如何通过形式创新有效地开展思想政治教育,将其教育意义落到实处。鉴于此,我们尝试将学术沙龙与思想政治教育相衔接,总结学术沙龙在助推思想政治教育方面的独特效用,希望可以为新时代思想政治教育提供新的经验和方法。

一、依托学术沙龙创新思想政治教育的方式

沙龙是法语"Salon"一词的音译,是一种用来探讨社会、艺术、政治问题的聚会。沙龙具有平等、开放、活跃、共享等特点,又被赋予研究功能和教育功能,应用于科学研究,于是形成了学术沙龙。在如今的大学教育尤其是研究生教育中,学术沙龙依然发挥着重要的作用,不仅可以作为研究生导师的教学载体,也可以作为学生相互学习的交流平台。

最初的学术沙龙由若干导师发起,号召其指导的研究生参与,学生积极响应导师倡议,积极参与到学术沙龙当中。目前,学术沙龙已经由最初的学术研讨活动,渐渐发展成了

"以学术教育为本、以思政教育和职业规划为两翼"的活动。作为一种特殊的思想政治教育形式,学术沙龙的内容包括但不限于最新研究成果的分享,还包括党政领导人讲话稿的学习等。学生们通过阅读、思考与讨论,可以就相关内容发表自己的观点。针对目前学生学习压力大的情况,我们在沙龙中也鼓励大家倾诉困扰,集思广益解决问题。通过这种教学形式,导师不仅可以及时督促学生的学习,还可以关注学生的思想动态,帮助学生摆正思想站位、缓解学习压力。

在前期准备阶段,导师会根据当时的学术或时事热点,给出本次讨论的主题。学生在知晓主题之后,需围绕相关主题,广泛阅读、收集资料,并整理出自己的演示文稿。学术沙龙正式开始后,一般先由一位同学介绍成果内容或时事背景,然后其他同学轮流发言,每位同学发言之后还需要解答其他同学的提问,最后由导师对这一主题进行总结,以及对个别同学的发言做出点评。由于学术沙龙需要多次互动,这就要求所有参与成员不仅要对讨论主题进行充分的准备,还需要在其他人发言时认真倾听和思考,并及时做出总结与反思。一般而言,学术沙龙中的内容都是与专业知识点密切相关的,参与学生可以通过笔记和总结呈现与反馈相关知识点。除了每周开展学术沙龙,每学期末我们还会进行一次总结,主要由学生总结自己本学期学到了什么,有什么不足以及今后准备如何来完善。

二、依托学术沙龙突显思想政治教育的独特优势

（一）常态化教育

依托学术沙龙开展思想政治教育，最显著的优势就是实现了常态化教育。以往的思想政治教育，绝大多数是出现问题之后的"亡羊补牢"，总是在不良影响出现后，相关教育从业者才重视起来，然后开展一系列思想政治教育活动。在这种情况下开展的活动，大多数准备不充分或内容粗浅，无法真正吸引学生投入学习。更值得注意的是，"亡羊补牢"式的思想政治教育在短期内高频开展，可能会影响正常的学习和生活节奏，这不仅会挤压学生的学习时间，严重的甚至会造成学生的逆反心理，结果适得其反。

通过学术沙龙的常态化教育可以有效地规避这一问题。每周一次的学术沙龙意味着导师和学生至少每周都可以见面，并且进行一次深入的对话。学生在定期交流中，会对自己的导师产生信任，进而愿意与导师分享个人观点，也愿意就自己的问题寻求导师的帮助。在信任情境下，一旦学生思想上出现问题，导师立刻就能察觉，并及时给予相关的帮助，将问题解决在萌芽阶段。另外，学生通过配合收集资料、帮助解决问题、辩驳不一致观点，在不断的思想碰撞中会成为非常要好的伙伴，思想政治觉悟高的同学会影响到其他同学，这也是开展学术沙龙的意外收获。

（二）多样化教育

以往的思想政治教育，形式大多为诵读经典书籍、召开教育会议或者游览红色景点等。书籍诵读时间长了就枯燥乏味，相当一部分学生无法深入阅读和思考。召开教育会议可能会比较拖沓，而且设置的理论课程中已有相关内容，再频繁开展相关的讨论和讲座，可能会引发受众不满，最后不仅给工作人员增加了工作量，学生也没有真正受到思想政治教育的洗礼。通过游览红色景点或学习先进人物的事迹进行思想政治教育可能是一个比较有效且容易接受的方式，但一方面需要考虑经费限制，另一方面在疫情防控状态下广泛开展外出实践学习活动存在一定困难。

学术沙龙本身就是一个宽松、自由、平等的交流平台，人数一般控制在15人以内。由于人数规模较小，在沙龙中开展思想政治教育也更加灵活。我们可以围绕某一篇领导人讲话稿做深入研读，也可以针对某一社会现象讨论相应的理论支撑，从专业视角寻找科学的解决办法。我们还可以组织学生观看电影或者纪录片，使其更加立体深刻地接受思想政治教育。正是由于规模小的特点，学术沙龙开展的时间和地点都是可以灵活调整的，有利于开发更加多样化、易于受众接受的思想政治教育形式。值得一提的是，传统的思想政治教育活动受疫情影响无法正常开展，或效果大打折扣，但依托学术沙龙，我们可以借助现代通信技术正常进行，并且取得了很好的教学效果。

（三）反馈式教育

在传统的思想政治教育情景下，信息的传递往往都是单向的。在阅读思想政治书籍或者聆听相关讲座时，学生只是被动地接受来自他人的观点和知识。不可否认，学生也许可以在这一过程中产生自己独特的观点，但现实却是，即便学生在接受教育时能产生思考，也没有一个路径可以保证有时间、有场合发表这些观点，更不会有机会让其他人对自己的观点进行评价。这种单向的沟通机制让受众很少有机会发表自己的观点，也得不到及时的反馈。久而久之，学生参加思想政治教育的热情可能会消退，参与后续的思想政治教育活动也可能显得不积极。

在学术沙龙中，导师鼓励学生针对研讨内容发表自己的观点，无论是质疑的想法还是改进的建议，学生的意见都会被在场的其他人认真思考。在"深度思考—提出想法—获得反馈"的过程中，学生感知到自己的想法是受到关注的，这充分地提升了学生的自我效能感。与此同时，这种集思广益的过程引发所有成员共同思考，自由发表言论，最后形成成熟且具有建设性的观点。

（四）融合性教育

学生的全面发展，不仅需要丰富的专业知识，还需要健康的心理和健全的人格。在以往的专业化教育中，教师更多关注的是专业知识的学习，缺乏对学生思想动态的关注和引导。这是因为传统教育主要通过课堂学习的形式进行，思想政治教育通过实践活动、专题教育等其他形式开展，这就在客观上造成专业知识学习和思想政治教育在形式和内容上较难融合的情况，二者难免处于割裂的状态，长期处于这种状态将不利于高素质人才的培养。

实践证明，依托学术沙龙的形式开展思想政治教育可以有效改善专业知识学习和思想政治教育之间的割裂状态。学术沙龙有助于专业知识学习和思想政治教育的融合，因为这一举措以培养高素质人才为目标，以专业知识学习为基础，兼顾思想政治教育，实现了专业学习和思政教育在目标上的统一、形式上的融合和内容上的互补。

三、研究总结

本研究总结了依托学术沙龙助推思想政治教育的实践经验，提出了一种新型的思想政治教育的方式方法。通过学术沙龙，思想政治教育可以更加灵活多样地常态化开展。将思想政治教育与专业知识学习相结合，学生可以得到更加及时的反馈，这是对新时代思想政治教育方法的创新。在实践中我们发现，参与学术沙龙的学生，思想政治水平和科研能力均得到了显著提高，不仅科研成果丰富，而且精神面貌饱满。当然，通过学术沙龙助推思想政治教育也存在一定不足，这主要是教育的有效性可能受到学科和专业的限制。一般而言，文科类专业偏重哲学思辨，在学术沙龙上相对比较容易把专业教学与思想政治教育相结合。但理科类专业偏重逻辑推导，推行这种方法可能并不合适。总之，思想政治教育并非一朝一夕就可以完成的，这也是当前教育工作者应该正视的问题。如果可以依托学术沙龙的常态化、多样化、反馈式、融合性优势，新时代的思想政治教育有可能另辟蹊径。

参考文献

[1]董术.高校思想政治理论课实践教学现状分析[J].学校党建与思想教育，2014（11）：62-64.

[2]罗尧成，朱永东.学术沙龙：一种研究生教育课程实施形式[J].学位与研究生教育，2006（4）：50-53.

[3]许淳熙.学术沙龙与科学研究[J].科学学研究，1995（1）：76-79.

[4]柳礼泉，杨葵.学术沙龙在研究生教育中的价值意蕴[J].学校党建与思想教育，2019（24）：91-93.

新时代大学生思想政治教育的创新与发展

李必成

（信息与安全工程学院）

一、新时代大学生思想政治教育现状分析

改革开放以来，我国高等教育蓬勃发展，高校招生规模进一步扩大。伴随着经济的高速发展，为了进一步适应新时代社会主义现代化建设的需要，高等教育领域的改革也不断深化，高校学生的思想政治教育作为其中重要环节也发生了较大的变化。1984年，思想政治学科正式建立，思想政治教育应运而生。思想政治教育发展至今，已成为一门独立的学科，包含了思想政治教育、思想政治工作、宣传思想工作和意识形态工作等领域，其相关体系与理论仍在不断的实践过程中进一步发展与完善。

2016年12月7日，习近平总书记在全国高校思想政治工

作会议上强调，高校思想政治工作关系高校培养什么样的人、如何培养人以及为谁培养人这个根本问题。要坚持把立德树人作为中心环节，把思想政治工作贯穿教育教学全过程，实现全程育人、全方位育人，努力开创我国高等教育事业发展新局面。目前我国各高校在大学生思想政治教育领域已经取得了不错的成绩，但仍有许多共性问题亟待解决。比如，如何在日新月异的形势下牢牢掌握大学生思想政治教育的话语权，如何改善传统灌输型思政教育的模式，如何使大学生喜爱并自觉主动地参与到新时代思政教育"课堂"中，如何解决部分学生盲目追捧西方文化的问题，如何改变目前思政教育形式单一缺少互动的情况等。解决这些问题是新时代高校思政教育创新与发展的必经之路，也是新时代高校思政教育面临的全新挑战。

二、新时代大学生思想政治教育创新发展的意义

2019年3月18日，习近平总书记在北京主持召开学校思想政治理论课教师座谈会时强调，办好思想政治理论课，最根本的是要全面贯彻党的教育方针，解决好培养什么人、怎样培养人、为谁培养人这个根本问题。我们党立志于中华民族千秋伟业，必须培养一代又一代拥护中国共产党领导和我国社会主义制度、立志为中国特色社会主义事业奋斗终身的有用人才。在这个根本问题上，必须旗帜鲜明、毫不含糊。面对新时代高校思想政治工作的难点以及各种挑战，我们必

须通过改革创新来解决迫在眉睫的难题，并在进一步实践中处理好这些重要问题。只有这样，高校才能培养出一代又一代拥护中国共产党领导的合格的社会主义建设者和接班人。

三、新时代大学生思想政治教育创新的路径

（一）必须坚持马克思主义在意识形态领域的指导地位

习近平总书记在学校思想政治理论课教师座谈会上强调，随着我国日益扩大开放、日益走近世界舞台中央，我国同世界的联系更趋紧密、相互影响更趋深刻，意识形态领域面临的形势和斗争也更加复杂。学校是意识形态工作的前沿阵地，可不是一个象牙之塔，也不是一个桃花源[①]。习近平总书记的讲话深刻说明了新时代新形势下，意识形态领域的斗争更加复杂激烈，高校思想政治工作必须牢牢坚持马克思主义在意识形态领域的指导地位。要把广大青年学生培养成中国特色社会主义的建设者和接班人，必须加强马克思主义理论教育，始终坚持马克思主义在高校意识形态工作中的指导地位。只有不断对大学生加强马克思主义理论教育，才能让青年学生真正搞清楚什么是马克思主义，如何用科学的态度去对待马

---

① 习近平. 思政课是落实立德树人根本任务的关键课程［J］. 奋斗，2020（17）.

克思主义,自觉抵制西方错误价值观念的消极影响;只有不断加强马克思主义理论教育,才能让青年学生真正掌握马克思主义理论的精髓,自觉用马克思主义的立场、观点和方法去认识世界、解释世界,进而改造世界,成为合格的中国特色社会主义建设者和接班人。

坚持马克思主义在意识形态领域的指导地位是中国特色社会主义大学的鲜明底色,也是贯彻党的教育方针、落实立德树人根本任务的应有之义。在科技迅猛发展的"互联网+"时代,大学生获取的信息量较之前大幅增长,部分学生很容易受到不良信息的影响。而大学生正处于世界观、人生观、价值观形成的重要阶段,所以一定要坚持以马克思主义为指导,科学开展思想政治教育工作,从而正确引导大学生在关键时期"扣好人生的第一粒扣子"。

(二)丰富新时代思想政治教育的内容

党的十九大报告明确指出,我国社会主要矛盾已经转化为人民日益增长的美好生活需要和不平衡不充分的发展之间的矛盾。所以我国要实现新发展新转型必须进行供给侧结构性改革,进一步提高发展质量。这样的过程同样适用于新时代高校思想政治教育内容的革新。传统思想政治教育主要依托"四史",即党史、新中国史、改革开放史、社会主义发展史。这些经典内容为思想政治教育提供了丰富的素材,也是加强大学生思想政治教育的重要内容和资源。但随着时代进步，这些内容已不能充分满足高校思想政治教育的需求。新时代需要新思想，新思想引领新时代。新时代的思想政治教育内容也要与时俱进、因时而异、因时而进，传统的内容也应历久弥新。思想政治教育内容应始终牢牢坚持马克思主义的基本方向，用习近平新时代中国特色社会主义思想去进一步再丰富、再加工、再创造、再挖掘更多精彩的思想政治教育素材，在内容供给上下功夫。

新时代高校思政教育更应大力弘扬"红船精神""伟大长征精神""劳模精神""工匠精神""伟大抗疫精神"等，讲好中国故事，特别是新时代中国故事，让广大青年特别是大学生在生动鲜活的事例中潜移默化接受爱国主义教育，增强家国情怀，并在榜样的力量下树立报国之志，从而自觉增强"四个意识"，坚定"四个自信"，做到"两个维护"。

（三）思想政治教育理论与实践育人相结合

我国大部分高校均已开设专门的思政课程来对大学生进行思想政治教育，思想政治教育的相关理论知识也一并在课堂上系统地传授给大学生。但"灌输式"的教学所取得的教学效果有限，学生接受程度较低，所以在新时代高校思想政治教育中一定要结合实践育人，力求达到最佳效果。马克思主义认识论认为实践是检验真理的唯一标准，同时，马克思主义是在实践中形成并不断发展的。因此，要高度重视思政课的实践性，把思政小课堂同社会大课堂结合起来，在理论和实践的结合中，教育引导学生把人生抱负落实到脚踏实地的实际行动中来,把学习奋斗的具体目标同民族复兴的伟大目标结合起来,把个人理想追求融入国家和民族事业中,立鸿鹄志,做奋斗者。这样,思想政治理论与实践育人才能形成合力,更好促进新时代大学生迅速成长为合格的社会主义建设者和接班人。

我院积极响应新时代高校思想政治教育实践育人的创新要求,开展了一系列特色活动,如学"四史"答题竞赛活动、"红色家书"活动、参观武汉抗疫展活动、"共抗疫情,爱国力行"主题展演活动等。一系列富有特色的实践育人活动进一步增强了同学们的爱国情怀,坚定了同学们的理想信念,培养了同学们的责任担当精神。

(四)思想政治教育需充分利用新媒体

新时代是信息时代,随着互联网的飞速发展,网络日益渗透到社会生活的各个领域,网络的作用和影响力也日益扩大,网络化已成为信息时代的主要特征。网络化也对新时代高校思想政治教育提出了新挑战和新要求,而其中最重要的便是充分利用新媒体的优势来推动高校思想政治教育的进一步创新。新媒体是相对传统媒体而言的,传统媒体包括狭义上的报纸、书刊、广播、电视等,而新媒体强调的是以数字技术为基础,以网络为载体进行信息传播的媒介,其最大特点是"人人都可以是生产者,人人也都是传播者"以及"每个人都可以发声,每个人都有对内容的投票权"。

新媒体具有高度自由性与较强的互动性、时效性等特点，深受广大高校学生喜爱，甚至成为大学生获取信息的主要渠道。网络平台等每天都产出大量信息，这为高校思想政治教育提供了更强的灵活性与趣味性。例如，大学生可以更方便地在"学习强国"学习平台获取最新的素材，并进行互动交流，这有助于大学生深入了解社会主义核心价值观，有助于其健康成长。

但同时也要认识到，新媒体也会对高校思想政治教育产生冲击。在新媒体庞大数据量的冲击以及互联网全球化的影响下，大学生极易接触到偏离主流意识形态的观点[1]，如享乐主义、拜金主义等。所以高校在充分利用新媒体进行思想政治教育时务必坚持两点：第一，要创建并完善高校官方新媒体主流平台，主动发声，唱响主旋律，并用学生喜闻乐见的话题吸引学生，对学生进行正确的引导，培养其正确、理智、独立的思考方式。第二，在面对各种错误观点以及思潮时要敢于"亮剑"，善于"亮剑"，及时引导学生认清错误观点，用马克思主义的强大真理说服学生。在"立与破"中，坚持建设性与批判性相统一，这样才能让新媒体更好地服务于高校思想政治教育。

---

[1] 黄晓阳. 大数据时代议程设置主体话语权发展现状及原因分析［J］. 新闻研究导刊, 2018, 9（3）：32-33.

（五）构建完善思政课程、课程思政体系

思政课程作为高校思想政治教育最直接最有效的方式，作为高校落实立德树人根本任务的关键课程，必须摆在优先发展的战略地位。习近平总书记强调，推动思政课程改革创新要做到八个"统一"，不断增强思政课的思想性、理论性和亲和力、针对性[①]。这为高校开设思政课程的具体改革方向指明了道路，也为实现课程思政提供了新的思路。新时代各高校思政课程改革如火如荼，已经取得不少成绩，但课程思政尚处于起步阶段。

2020年教育部印发的《高等学校课程思政建设指导纲要》中明确提出把思想政治教育贯穿人才培养体系，全面推进高校课程思政建设，为新时代各高校课程思政提供了可行的改革方案。但当前课程思政建设正处于摸索阶段，许多问题也尚处于"摸着石头过河"的阶段。当前各高校思想政治课授课教师大部分具有马克思主义理论专业的学科背景，具有深厚的马克思主义理论基础，但缺乏其他专业背景，难以将马克思主义理论融入其他专业中去。其他专业课程授课教师通常在本专业具有扎实学识，但缺乏系统深入的马克思主义专业知识，在授课过程中较难融入思想政治教育，容易导致专业固化。好的思想政治工作应该像盐，但不能光吃盐，最好

---

① 习近平. 思政课是落实立德树人根本任务的关键课程[J]. 奋斗, 2020（17）: 4–16.

的方式是将盐溶解到各种食物中自然而然吸收。这就要求各专业教师深入梳理专业课教学内容，结合不同课程特点、思维方法和价值理念，深入挖掘课程思政元素，将其有机融入课程教学，达到润物无声的育人效果。

同时，我们要认识到课程思政目的就是实现各类课程与思想政治理论课的同向同行，实现协同育人[①]。新时代高校思想政治工作必须在进一步的探索和实践中逐渐构建和完善思政课程与课程思政体系，构建全员全方位全过程的大格局。

---

① 匡江红，张云，顾莹. 理工类专业课程开展课程思政教育的探索与实践［J］. 管理观察，2018（1）：119-122.

"三全育人"视角下高校资助育人长效机制的构建[①]

石 凌

（党委学生工作部、人民武装部）

一、研究背景

资助育人成为学生思想政治教育的重要环节，高校学生的思想政治素质始终受到党和政府的高度重视。"育才造士，为国之本"，国家始终把"培养什么人""如何培养人"这一重大课题摆在重要位置，在2018年召开的全国教育大会上，习近平总书记再次强调了教育工作的根本任务以及教育现代化的方向目标是培养德智体美劳全面发展的社会主义建设者

[①] 本文系中南财经政法大学2020年度中央高校基本科研业务费（三全育人）课题"'三全育人'视角下高校资助育人长效机制研究"（编号2722020sqy05）阶段性研究成果。

和接班人。资助育人作为理想信念教育与品德教育的一部分，在以立德树人为核心的人才培养任务中的地位不容忽视。

事实上，我国在长期的资助实践中已经形成"资助"和"育人"相结合的工作思路。2004年，《国务院办公厅关于切实解决高校贫困家庭学生困难问题的通知》中提出，将解决高校贫困家庭学生困难与加强学生思想政治教育结合起来，形成勤奋好学、团结互助、自强自立、艰苦奋斗的好校风。2017年，为提升高校思想政治工作质量，提高人才培养能力，《高校思想政治工作质量提升工程实施纲要》首次在高校思想政治教育框架内明确提出全面推进资助育人、构建资助育人质量提升体系。

二、存在的问题

回望过去几十年的高校学生资助工作，各高校已建立了相当完善的资助政策体系并取得了巨大成就，为"不让一个学生因家庭经济困难而失学"提供了坚实保障。但仍存在一些有待进一步解决的问题。

（一）困难学生认定仍不够精准

科学有效地认定家庭经济困难学生是开展资助育人工作的重要基石，但经济困难学生的认定缺乏统一标准。在一线工作人员的实际操作过程中，容易出现因学生数量大、分布广而不能准确把握实际情况的问题。还存在一些学生诚信缺失，上报虚假信息，以及部分学生由于自尊心强或对资助政策不了解等原因不愿意完成认定申请，导致认定精准度降低等情况。

（二）资助过程中存在工作机械的弊端

随着国家资助力度的增大，学生资助的工作量也日益繁重，在具体的工作中一定程度上存在死板、机械的情况。面对"疫情大考"，各地各校对受疫情影响的家庭经济困难学生给予重点帮扶，确保"停课不停资助，离校不离帮扶"。但有些学校仍采取简单按照人数进行名额分配的方式，班级的评定多采取学生上台陈述或者班级投票的方式，一些人缘比较好的学生更容易获得帮扶。而因疫情或突发自然灾害等致贫的学生，由于当时无法获得助学金、助学贷款等较大力度的资助，只能获得临时补助、专项补助等校级临时性补贴，而这些临时性补贴很多时候都是杯水车薪，难以解决更多的困难。

（三）部分贫困学生精神受困，不能很好适应大学学习生活和社交环境等

调查表明，高校家庭经济困难学生不仅是经济上的弱势群体，而且出现敏感、自卑、封闭等负面心理特征的可能性明显高于其他学生。一方面，一些家庭经济困难学生的生源地教育资源配置落后，导致这些学生的综合素质和社交能力滞后于发达地区的同龄人。另一方面，大多数经济困难学生还肩负着改善家庭乃至整个家族经济状况的重任，心理压力

远超同龄人,一旦超出其承受极限或受到外在应激性事件的打击,容易产生心理问题。

(四)资助的育人功能还不够显著

目前,一些高校对家庭经济困难学生的帮扶还主要集中在经济助困上,对促进家庭经济困难学生成长成才缺乏统筹谋划和有效推进。虽然表面上来看,经济助困是解决了家庭经济困难学生当下面临的最大困难,但是知识的获取、品格的塑造、能力的健全才是帮助其持续发展的关键。有些家庭经济困难学生在长期的无偿帮扶下,出现"等、靠、要"等依赖心理;有些学生更是缺乏感恩意识,把获得帮助认为是理所当然的;还有些学生获得资助后迷失自我,沉迷网络或者消费无度,成绩一落千丈。这些情况的出现一方面是由于学生三观还在形成阶段,意志力薄弱,容易受到外界的诱惑;另一方面也是由于家庭经济困难学生的精神层面需求容易被忽视,对其教育和引导相对滞后,学生持续综合性发展的后续动力不足。

三、对策与建议

针对资助育人这一领域,要着力探讨如何形成"三全育人"理念与资助育人工作相结合的长效机制,以及如何把育人贯穿于资助工作的各个环节,形成全员育人、全程育人、全方位育人的资助格局。

（一）全员参与：建立"四位一体"资助育人机制

构建全员参与的资助机制是搭建和完善资助体系的重要途径。新时期的育人工作离不开学校、家庭、社会、学生的共同努力，资助工作也离不开学校、家庭、社会、学生的相互配合。一是要发挥学校的关键作用。在资助工作的长期探索过程中，各高校作为资助政策的制定者与执行者已建立起较为完善的资助体系，当前更需要在帮助学生顺利求学、健康成长的同时，增强学生的社会责任感与感恩回馈意识。开展经济困难学生"一帮一"活动时，由校领导率先垂范，各级领导干部积极响应，各学院组织广大教师联系经济困难学生，分别与经济困难学生结对子。教师们通过寝室走访、专业辅导和就业指导等多种方式，从学习、生活、思想等各个方面进行帮扶，为学生们带去关爱。二是要引导社会力量注入。社会永远是最生动的课堂。一方面要在资助的过程中积极宣传社会正能量，另一方面要积极引导社会力量加入学校资助体系。邀请知名校友做主题校园文化讲座，引入各类企业奖助学金，组织经济困难学生走进企业调研学习、开展社会实践活动等，帮助家庭经济困难学生拓宽视野，培养和提升其社交能力、组织能力、实践能力和团队精神。要有针对性地为家庭经济困难学生提供就业技能培训，切实增强家庭经济困难学生的就业竞争力。将社会关怀纳入学生思想观念、价值导向、社会行为的引领体系，引导受助学生进一步增强诚信意识，培养进取精神，厚植爱国情怀。三是鼓励学生积极参与，充分发挥积极分子、正面典型的宣传和带动作用。各高校优秀学子、自强之星等学生榜样的示范作用同样能够引领思想。开设国家奖学金获得者宣传专栏，通过主题征文、分享会等形式，让获奖者为受助学生代言。着力培育家庭经济困难学生阳光自信、乐观平和、积极向上的心态，帮助他们克服学习困难、顺利完成学业，在学生层面传递青春正能量。四是加强学校和家庭的双向互动。习近平总书记指出，家庭是人生的第一所学校，家长是孩子的第一任老师。家庭的教育环境很大程度上影响着学生的性格和成长路径，要想把育人工作更深入地贯彻下去，离不开家庭的作用。

（二）全过程跟踪：将育人落实到资助的每一个环节

把社会主义核心价值观融入资助工作的全过程。在奖学金评选环节，培养学生争先创优的奋斗精神；在国家助学金申请环节，深入开展励志教育和感恩教育；在国家助学贷款办理过程中，深入开展诚信教育和金融常识教育；在勤工助学活动开展方面，着力培养学生的劳动意识和自强自立精神；在基层就业、应征入伍学费补偿贷款代偿等工作环节，培育学生树立正确的成才观、就业观和价值观。

入学前，宣传学校资助工作，引导学生诚信做人。新生在收到高校录取通知书的同时，会收到高校资助政策介绍和"家庭经济状况调查表"。国家和学校在及时宣传资助政策，给予学生经济帮扶的同时，倡导学生诚信立人，如实填写家庭经济状况，诚信申报各项经济资助。入学时，实施"绿色通道"，注重培育学生的感恩意识。通过"绿色通道"激发受助学生爱国爱校、感恩回馈的意识。

在校期间，提供资助支持，着重培育学生的集体人格。学校在提供物质帮扶、道德浸润、能力培养和精神激励等各方面的资助与支持时，从工作机制设计上要更加注重维护受助学生的隐私，确保资助认定更加人性化。在资助过程中采用深入谈话、团体辅导等形式对受助学生进行交流沟通和心理疏导，为他们提供有效的情绪舒缓渠道，引导他们克服自卑情绪，以乐观积极的心态面对生活，完成健全人格的塑造，实现学生的全面发展。

毕业期，提供多种物质保障，鼓励学生回馈社会。毕业期是指从大学四年级到学生毕业这一时间段。高校应该针对毕业生的需求，有针对性地为家庭经济困难学生提供强有力的激励和保障服务，确保家庭经济困难学生顺利就业。此外，在受助学生毕业后，学校应加强与他们的沟通，真正实现学生从受助到助人的转变。

（三）全方位平台：创新立体化培养的资助育人思路

全方位实现资助育人更多转向对学生的发展性资助，从不同角度、不同空间，用不同方式全方位开展资助育人工作。高校探索通过搭建"五大平台"实现大学生德智体美劳全面发展这一目标。

搭好学业促进平台，成立"学习发展中心"，针对家庭经济困难学生普遍存在困难的英语、计算机、高等数学等课程，开办专题训练营，将讲座和个性化辅导相结合，帮助学生适应大学学习生活。

搭好心理支持平台，开展主题调研、团体辅导、朋辈互助等活动，聚焦新生适应、考前焦虑、时间管理、消费心理等问题，进行积极的心理建设。

搭好社会实践平台，设计社会实践专项培养计划，组织家庭经济困难学生赴全国各地开展学习走访、创新调研、校园宣讲、同城互访等实践活动，让他们反哺家乡、了解社会、服务社会。同时依托助学社团等学生团队和平台，广泛开展主题教育活动，充分发挥朋辈互相激励与帮助的作用，提升学生的使命感和责任感，培育学生的感恩奉献意识。

搭好视野拓展平台，设立家庭经济困难学生出国出境交流专项资助，推进家庭经济困难学生出国出境交流培养工作，引导学生开阔国际视野，在国际舞台上展现中国青年形象。

搭好创新创业平台，探索形成"实践体验—学习领悟—成功体验—反哺实践"的创新创业人才培养模式。家庭经济困难学生最清楚家乡贫困的痛点，鼓励学生在深入实践的基础上反哺家乡，积极为家乡发展献计献策，助力打赢脱贫攻坚收官之战。

构建中国特色话语体系，增强国际学术话语权的实现路径研究[①]

杨 苗

（科学研究部、社会科学研究院）

党的十八大以来，习近平总书记就加强国际传播能力建设多次做出重要论述，强调加强国际传播能力建设要着力提高国际传播影响力、中华文化感召力、中国形象亲和力、中国话语说服力、国际舆论引导力。面对中华民族伟大复兴战略全局和世界百年未有之大变局，中国必须加快构建中国特色哲学社会科学学科体系、学术体系和话语体系，形成独立、成熟、系统的科学理论，增强道路自信、理论自信、制度自信和文化自信，形成真正的哲学社会科学研究的"自我主张"，掌握同我国综合国力和国际地位相匹配的国际话语权。而高

[①] 本文受中央高校基本业务费思政教育研究与高教管理研究项目（项目号：2722021DG003）资助。

校的科研工作和科研服务理应基于自身优势和学科特色，从话语体系构建、传播效能提升、文化交流促进等维度为增强国际学术话语权赋能。

一、以中国特有的人文观照和价值基础构建国际传播中的叙事体系

学术话语匮乏和不成体系一直是中国国际传播的首要问题所在，但是世界向来不缺乏中国议题。所以建构中国传播学学术话语体系要先从国际议题设置入手，学者要自发地或有组织地发掘国际学界共同关注的本土议题。将本土性学术话语做出符合国际范式的普遍化处理，使之化为国际学术界所言说、所使用、所认同的话语体系的一部分，才是中国学术叙事体系建构的最终指向。

学术传播要从重传播实践和外在评价转变为重主体话语和叙事逻辑，立足点应该回到观照中国本身。在不断提升叙事能力、多元认同的进程中，我们应更重视在兼容并蓄和海纳百川的中国文化中寻找借鉴，要系统地总结并提炼中国道路的成功经验。学术话语体系在国际传播中的核心竞争力在于其本土关怀和中国特色，观照本土性，立足中国现实，解决中国问题，传播中国特色，让用中国文化阐释中国经验更加具象和明确。

我们要引导科研工作者在治国理政、中国梦、人类命运共同体构建和中华优秀传统文化传播上下功夫。"中国叙事

体系"的提出是"中国话语体系"的再阐释和全方位提升,"用中国理论阐释中国实践,用中国实践升华中国理论,打造融通中外的新概念、新范畴、新表述"是对科研工作者提出的新要求。要根植中国学术语境和源头,使其在保有独特性的基础上能逐渐进入且融入国际学术对话场域,需要从宏观和微观层面,将国家治理的理论和实践说清楚,同时也需要将背后的辩证关系和逻辑讲明白,即用中国理论阐释中国实践,用中国实践升华中国理论。

在对中国经验的研究中形成的话语和叙事体系可以引导国际传播学对中国传播议题的属性认同和逻辑认同,有助于其成为具有共同性、普适性的概念和全球公共学术话语体系的组成部分,最终架构出中国传播的整体逻辑和框架。

二、以跨文化传播中的情感共鸣和文化共振构建国际传播中的学术体系

信息化背景下的传播学,早已不仅仅局限于知识、信息、观点和文化的传播,而是更多作为社会媒介化载体,用来完成情感的链接,从而实现传播价值。

在加强国际话语权进程中不仅要基于中国经验和问题意识形成话语和叙事,更要用情感共鸣来给塑造中国形象、凝聚全球共识等宏观命题赋能。在国际传播实践中,我们需要依据传播规律,通过情感的共鸣、共振,在求同基础上解决好哲学社会科学的冲突,通过微观挖掘和细节观照引发国际

情感共鸣，将真实、立体、有人文关怀的中国形象传递给世界，形成国际传播新格局。

在人文社科领域，国际传播应精准平衡中国性与全球性，与世界"平视"，在熟悉国际话语体系的前提下，争取国际学术话语权；在传播效率上，要从国际受众立场出发，开拓非线性传播路径，进行"好感传播"，增强亲和力，实现从信息和知识的简单搬运到文化符号凸显、热点塑造、意义呈现的转变。

讲故事的主体不应仅局限在官媒和专业媒体，而是需要更广泛的学术研究者、自媒体发声，鼓励学者"走出去"。更为广泛的国际学术发声不仅可以展示科研水平，通过知识融通影响国际同行，更大的意义在于产生中心扩散效应。基于人的传播和交流以及基于学术的探讨和阐释往往比媒体的传播更有温度和内涵。

传播学作为人类公共产品，具有全球视野和普适成分所体现的同一性。因此，"学术出海"能够提升本土价值与国际化价值同频共振的学术话语感召力和公信力。这就要求我们的科研工作者从具象的中国经验中抽象出普适规律，用中国经验完善全球治理，把自身的特色、特性普适化并融通到国际传播学学术话语体系中，使其成为中国学术话语体系、国际学术话语体系不可或缺的一部分。在寻求跨文化认同的阶段，要主动摈弃"以我为主"的话语模式，照顾国际受众的思维习惯和感情需求。要以"概念整合理论"为指导，在学术话语对外传播中基于中国性与普遍性原理之间的联系寻求平等对话和相互适应，继而达成价值共识，形成逻辑认同，在意义融合与概念整合中完成中国学术话语的构建。最大限度地以跨文化传播中的情感共鸣构建国际传播中的文化共振，进而把兼具中国关怀和国际视野的议题以符合国际受众心理需求和思维模式的话语输出。

三、以各种传播渠道的同频共振构建传播矩阵，增强国际学术话语权

国际学术话语权既着眼于话语生产和翻译推介，也有赖于国际化的议题设置和全方位的矩阵传播。其中，各种传播渠道的同频共振是提升学术话语影响力的途径。

中国议题和话语进入国际学术对话并获得认可需要传播学学术话语在产生、翻译、推广与传播等各种渠道的同频共振，如国际教育、国际会议、国际出版、国际话题等。

在做好对外传播、服务国家战略层面，高校应发挥社会服务的独特作用。一是着力提升学者和学校在国际传播领域的影响力和全球学术声誉。二是充分发挥高层次专家学者的作用，利用国际论坛、国际学术会议、国际评估认证和高校智库等渠道传播科研成果，把高校优势有效转化为国际传播优势。三是建立与公共关系和传播战略同频共振的传播矩阵，全面提升学校全球声誉和影响力。

在传播矩阵的构建上，高校需要面向更广大的国际受众，

进行细微、精准的投放，通过词汇、概念和话语打造融通中外的"新概念、新范畴、新表述"，通过构造符合国际语境的中国学术话语，传递立足中国的精神内核。

例如，我校依托网络信息技术，建立资源共享平台，通过新闻媒体、网站、展览等渠道宣传介绍标志性科研成果，发挥郭道扬、吴汉东等若干知名专家的辐射、带动作用，打造范式标准，制定标志性科研成果宣传常态化推广方案，积极参加国家文化海外传播工程，支持学校人文社会科学高水平专著的翻译与出版，鼓励教师精品学术成果海外宣传与推广。

通过"中华学术外译"等项目，在已有相当影响力的国际期刊发表中国传播学研究的学术论文，促成中国传播学在国际学界的学术争鸣。"借船出海"，推动吴汉东教授著作《知识产权精要》、郭道扬教授著作《中国会计通史》以多种外文形式在国外出版发行，主动向外译介兼具中国传播学研究特色和全球普适性的学术著作，向海外输送更多的中国原创优秀学术著作。

在实践方面，向世界展示中国文化自信，以显著提升学术对话能力和国际传播力。大力推进高水平国际交流、合作，传播中华法治文化和"中国之治"最强音。在中意法学研究中心的基础上，筹建更多海外中国法研究中心，对外阐释人类命运共同体的法治内涵与主张，继翻译《中华人民共和国民法典》意译本之后，多方宣传推广，传播中华法系文明。打造收入分配国际研究高地，建强收入分配与现代财政研究院海外研究基地，进一步提升前沿问题的研究能力和国际影响力。以发起成立"一带一路"国家法学院联盟和财经类大学联盟为契机，推动法律与经济学科理论研究、智库建设等方面的资源共享和合作交流。加大对举办具有重大国际影响力的会议与学术论坛的支持力度，持续办好"知识产权南湖论坛""中意法律文化交流国际学术论坛""金砖国家法学论坛"等，扩大我校法学的学术声誉与国际影响。

立足"实质性"合作，构建相互融通、合作共赢的国际合作新格局。重点推进与世界一流大学的实质性合作，发挥已有合作成果的引领带动作用，拓展合作广度、增强合作深度。积极推动国际合作与人文社科领域的交流，整合标志性科研成果资源，拓展宣传渠道，加速成果"生根开花"。

新形势下专业课程中塑造爱国主义与人文情怀的路径探析[①]

胡万松　桂千尧　冯　玥

（党委学生工作部、人民武装部）

一、新形势下专业课程中塑造爱国主义与人文情怀的背景

2014年4月，教育部在《完善中华优秀传统文化教育指导纲要》中明确指出，高校应"开展以天下兴亡、匹夫有责为重点的家国情怀教育"。家国情怀作为中华优秀传统文化的精髓，是社会个体基于最初的血缘或地缘而形成的对命运共同体的归属感与责任感，表现为个体成员对家庭和宗族的身心依附、对故土山河的眷恋守护、对传统文化的认同承续、

---

① 本文受中南财经政法大学中央高校基本科研业务费专项资金资助（2722021DS00）。

对家国民族的责任担当。在中华民族几千年的发展历史中，家国情怀发挥了巨大作用。

2019年11月，中共中央、国务院印发《新时代爱国主义教育实施纲要》，指出爱国主义是中华民族的民族心、民族魂，是中华民族最重要的精神财富，是中国人民和中华民族维护民族独立和民族尊严的强大精神动力。2022年，中共中央、国务院又印发《关于加强和改进新形势下高校思想政治工作的意见》，反复强调高校学生是爱国主义教育的主体，各大高校是推进爱国主义教育的主阵地。众所周知，中国特色社会主义已经进入新时代，开启了新的征程，中华民族伟大复兴正处于关键历史时刻。新形势下加强爱国主义教育，有利于振奋民族精神、凝聚国家力量，为取得新时代中国特色社会主义伟大胜利做出努力，对于实现中华民族伟大复兴的中国梦具有不可或缺的深远意义。

二、新形势下专业课程中塑造爱国主义与人文情怀的现状

（一）专业课程中塑造爱国主义与人文情怀的建设成果

2016年，全国高校思想政治工作会议在北京召开，习近平总书记强调，思想政治工作应该贯穿高校教育的全程，实现爱国主义教育的全方位化、全过程化。

新形势下，各高校也积极响应中央号召，开始初步探索如何更好地将思想政治教育的理论和知识、价值理念和专业精神与各门专业课程深入融合。高校均已普遍开设多门思政教育相关课程，例如"马克思主义基本原理""形势与政策""中国近代史纲要""毛泽东思想与习近平新时代中国特色社会主义理论体系概论"等。且较多高校已开始进行思政教育改革，重视课程思政与思政课程的有机统一，力求将专业课程的知识教育、素养培养、精神塑造三者结合，为国家输送真正有能力、有责任、有理想的爱国人才。

（二）专业课程中塑造爱国主义与人文情怀的问题

虽然较多高校已开始探索思政教育改革的途径，逐步开始落实课程思政与思政课程的有机统一，但高校爱国主义与人文情怀的教育现状仍不容乐观，存在诸多问题，在具体实施过程中暴露出许多缺陷。

首先，各大高校的确都已或多或少地开设思政相关课程，并且也形成了专业而完整的课程教学体系，但现有的专业思政课程教育并没能起到爱国主义培养和人文情怀塑造的应有作用。因为绝大多数思政课程的设置没有考虑到人文教育的内涵是更丰富、更深层的，没有深刻理解爱国主义教育对于学生与学校、国家与民族的重要所在。受到实用主义的影响，为了努力提高学生的技术水平，提高本校的社会就业率，多数高校专注于专业能力的培养与提升，人文课程设置较少，思政建设不太理想，高校师生对人文课程重视度不足，这些现实因素都大大阻碍了大学生提高文化认同感、培植爱国主义、树立文化自信的进程。

专业课程的教育理念落后，教学方式枯燥单一是目前专业课程中塑造爱国主义与人文情怀亟待破解的重大难题。不难发现，绝大多数思政教育课程仅仅停留在课堂上教师的苍白讲述，有的教师甚至直接照本宣科式开展教学，实践活动几乎没有，这也就直接导致了学生上课积极性普遍不高，称思政教育系列课程为"水课"，教师不落实、学生不重视，使得高校学子在思政课堂中学到的理论知识无法及时付诸社会实践，不能将家国教育的理论内容在实际生活中进行验证，无法加深对爱国主义与人文情怀的理解。而实际上，人文情怀与爱国主义的培育绝不仅仅是"填鸭式"理论知识的简单积累，而是从课程中的理论基础出发，结合真正的人文情怀感悟，通过学生个人的深入思考与亲身实践，真正将其内化于心，外化于行。也只有如此，高校才能实现其爱国主义教育的初衷与使命。

高校在爱国主义教育和人文情怀教育工作中的问题还体现在培养方案缺乏多样性与针对性、管理模式过于单一、管理工作缺少人文色彩等方面。在思政教育的过程中，部分高校以及教师仅仅将学生看作无特殊性的个体、被动接受教育与管理的对象，而未曾充分包容学生的实际个体差异性，也没有充分考虑学生的个人素养，这不仅不利于学生个性化、多样化发展，更不利于高校落实思政教育工作。教师的职责应是传道、授业、解惑，但在现实中，多数思政课教师只起到了授业的作用，未能真正做到言传身教，学生很少提问，更不存在解惑一说。同时，一些教师对学生的人文关怀也十分淡薄，除最基本的课堂见面时间，其余时间与学生的接触几乎为零，甚至一些教师到学期末都未曾记住学生姓名，真正能与学生进行人文沟通和情感交流的教师就更少。但人文情怀与家国教育常常是依托教师的言传身教，潜移默化地发生在师生之间的对话与沟通中的。高校爱国主义教育方式有待优化，思政教师队伍建设亟须加强，教师个人思政教育理念需要改变，以上都说明高校爱国主义与人文情怀的教育现状不甚理想。

三、新形势下专业课程中塑造爱国主义与人文情怀的路径分析

（一）充分利用新时代融媒体技术，创新专业课程教学方式

时代正飞速发展，新形势下，各个领域都对新媒体技术进行广泛运用。"融媒体"是指充分利用多种媒介载体，融合多种多样的传播方式，结合纸质媒体与网络媒体等不同载体，在人力、内容、宣传等方面进行全面整合，最终实现"资源通融、内容兼融、宣传互融、利益共融"的媒体运用方式。

而借助新媒体技术，融合多媒体手段，在课堂上开展爱国主义教育，是高校在专业课程中塑造爱国主义与人文情怀的新路径，对大学生爱国主义教育具有深层次的意义。在新形势下，"融媒体"有助于爱国主义教育真正进入专业课堂，深入学生心灵，发挥新科技的力量，激发学生内在的学习兴趣，有效提高课堂效率。

高校学生人文情怀与爱国主义教育工作充分利用新媒体技术手段实现专业思政教育课程的建设与创新，可具体落实为以下几个方面：更新思政教育途径，使得爱国主义与人文情怀教育的相关课程不再仅仅局限于传统的课堂教学方式，思政课也可以考虑运用慕课平台、微课平台、雨课堂、学习通等网络技术进行第一课堂以及第二课堂的教学。融媒体技术能有效贯通学校、师生、同学之间的交流渠道，强化思政教育的开放性、丰富性、即时性。丰富爱国主义教学手段也是必不可少的，教师可以大胆尝试运用多媒体技术，在专业课上播放爱国主义相关的影视作品或艺术歌曲，激发学生的兴趣，集中其在专业课上的注意力。

融媒体技术可有效增强教师在专业理论教学过程中的感染力，从而带动高校学生在思政课堂上发挥个人积极性，以创新的教学手段、融合的教学方式，将爱国主义教育与人文情怀培养相关的专业课程变得生动，变得有趣，以在课堂教学实践中更好地塑造高校学子的家国情怀，使其成为国家栋梁。

（二）加强教师队伍思政建设，渗透相关专业学科课堂教学

新形势下专业课程中培养爱国主义与人文情怀的路径还包括规范思政体系建设，加强教师队伍思政建设。这需要专业课教师将爱国主义教育和人文情怀培养融入专业课教学中，在专业课的教学设计中真正下功夫。因此高校也必须强化对高校思政专业课教师的培训。培训应分为两个部分：一是专业课知识教学能力的相关培训；二是对教师队伍自身建设方面的思想政治理论教育，特别是社会主义核心价值观、习近平新时代中国特色社会主义理论体系、爱国主义与人文情怀的教育，并针对培训的内容落实教师队伍的选拔与考核。

首先是建设，其次是监督。各大高校对教师落实专业课教学与思政教育融合工作应做好督导工作，通过实时监督、随机听课抽查、学生真实反馈等督查与评价体系，确保思政课教师能够将自己的专业知识、人文素养、爱国精神真实而生动地融入专业课程的课堂教学中。同时也要不断探索思政课程落实并发挥其应有作用的长效机制，做好思政课程建设与改革的相关学术研究，探索与爱国主义和人文情怀有关的专业课程改革路径，并进行公平选拔，推选出优秀案例，形成典范课程、精品课程，供其他学校、教师学习研究。

（三）渗透相关学科课堂教学，发挥时代精神与先进事迹的模范作用

落实高校思政理论专业课程，渗透相关学科课堂教学。目前，思政课程占比较低，那么如何将思政教育、爱国主义与人文情怀渗透进相关学科的专业教学中，便是高校需要思考的重要问题。其实，很多专业都与思政教育息息相关，例如哲学、历史学、政治经济学、社会学、教育学、汉语言文学等相关专业的课堂教学都可以渗透思政教育，真正做到爱国主义与人文情怀教育进高校课堂。

与思政课程相比，专业课程虽然也有立德树人这一基本准则的要求，但是两者之间还是有很大区别的。要将"思政元素"融入专业课程的讲授中，必须通过水到渠成的渗透方式，绝不能简单地生搬硬套，机械地将思政元素强行融合进相关专业课程中，要"润物细无声"般在日常的教学中感染学生，培养其爱国精神与人文情怀。

需要明确的是，其他专业课不可能同思政专业课那样投入大量的课时，投入大量的师资，全面地对学生进行思想政治与爱国主义教育，那么就需要高校的各专业教师结合本专业原有的教学内容，找准专业理论知识与思政教育的结合点与契合点，在确保专业学科知识教育的基础上有效地开展爱国主义与人文情怀教育，从而真正为思政教育的落实起到画龙点睛的作用。

而在专业课中穿插渗透思政教育的元素，更要求教师通过学习研究，使融合方式能够尽量生动鲜活，让广大高校学生能够耳目一新。另外，也必须防止陷入死板教条的错误中，可以发挥社会模范与时代精神的感化作用，将专业理论知识恰当地结合时政。比如，当下正处于全民抗疫的历史进程中，也由此涌现出无数的抗疫英雄，其先进事迹与感人故事都是高校专业课中最鲜活生动的事例，只需引用他们的某一个或几个闪光点，即可作为专业课中的"思政元素"，自然而然地融入各种专业课程之中，此种方式远比死板教条的理论更易于被学生接受。因此，高校应加强思政理论与相关学科课堂教学的融合，并合理科学地发挥时代精神的引领作用与先进事迹的模范作用，助力高校学生爱国主义与人文情怀的教育和培养。

党团建设篇

以研究生党建双创为契机，加强高校研究生党建工作

黄丽琼

（党委研究生工作部）

2020年，我国研究生招生首次突破100万人，在校研究生突破300万人。2020年7月29日，全国研究生教育会议在北京召开，习近平总书记对研究生教育工作做出重要指示，强调研究生教育应适应党和国家事业发展需要，培养造就大批德才兼备的高层次人才。研究生教育的首要问题是"培养什么样的人"的问题，最根本的是要坚持和加强党的领导，践行为党育人、为国育才的初心和使命。2018年，教育部办公厅首次开展研究生党建双创活动，发布了《关于开展高校"百个研究生样板党支部"和"百名研究生党员标兵"创建工作的通知》。提升研究生党建工作质量是在研究生教育中坚持和加强党的领导最基础、最直接的工作。

一、党和国家对高校研究生党建工作的要求

"研究生党建"一直是重要会议和重要文件的热频词。2017年2月27日,中共中央、国务院印发《关于加强和改进新形势下高校思想政治工作的意见》,特别指出要加强研究生党支部建设,充分发挥党支部战斗堡垒作用。2017年2月28日,中共教育部党组印发《普通高等学校学生党建工作标准》,其中关于党员作用发挥的描述中指出"研究生党员在学术研究、恪守学术道德中的模范带头作用发挥充分"。2018年5月22日,中共教育部党组印发《关于高校党组织"对标争先"建设计划的实施意见》,对高校党委、院(系)党组织、基层党支部分别提出"四个过硬""五个到位""七个有力"的对标争先指标。2020年9月4日,教育部、国家发展改革委、财政部发布《关于加快新时代研究生教育改革发展的意见》,提出要"提高研究生党建工作水平,强化党组织战斗堡垒作用",并从研究生党组织设置方式、研究生党支部书记选配、研究生党建双创活动开展等方面进一步明确了具体要求。加快推进高校研究生党建工作成为高校党建面临的新课题。

二、高校研究生党建工作现状

在中国共产党的坚强领导下,在教育部的精心组织下,研究生党建双创活动顺利开展,第一批先进典型在全国的示

范引领、辐射带动作用已初步显现。但高校研究生党建工作依然存在很多共性难题，要实现新时代高校党建工作质量提升，无法回避这些问题。

（一）统筹部署不够，工作体系不完善

1. 校级层面职责分工不明确

高校党建工作体系一般为"高校党委—院系党委—支部—党员"四级结构模式，基层党支部建设在高校党委的领导、院系党委的直接指导下开展。问题在于，高校党委组织部门和学生工作部门没有在这一体系中体现，但实际上，高校研究生党建的统筹协调、具体指导工作一般落在这两个部门肩上。因职责权限不明，存在多头推进或职责漏洞的情况，导致工作开展存在困难。另外，没有部门牵头成立研究生党建工作领导小组、制定研究生党建工作方案、建立研究生党建工作台账，缺乏统一的规划部署也是阻碍高校研究生党建工作出色出彩的一个重要因素。

2. 院级层面工作力量较薄弱

高校研究生党组织的建设任务主要由研究生辅导员来完成，但研究生辅导员的配备远不如本科生充足，加上研究生扩招，有的研究生辅导员兼任研究生教学秘书，日常工作繁重，很难专门精细指导开展研究生党支部建设工作，基本靠研究生党支部自身建设，而研究生党支部建设在很大程度上依赖

党支部书记和其他支委，但他们的主责主业是学习和科研，且党支部书记的能力水平呈现良莠不齐的状态，因而难以达到较好的建设效果。

（二）发掘凝练不够，党建特色未凸显

教育部办公厅在开展第二批研究生党建双创活动的通知中指出，"样板党支部重点围绕严格支部组织生活、创新支部工作方法、丰富主题实践活动、增强服务重大项目能力等进行探索"，"党员标兵重点围绕当好党的创新理论传播者、科技报国主力军、服务社会带头人、青年学生领头雁等开展学思践悟"。上述要求很好地概括了研究生党建特色的内涵，对照该标准，当前高校在总结凝练研究生党建工作特色上的不足主要表现在以下几个方面。

1. 基层党组织建设创新能力有待提升

研究生党支部在高校党委的统筹部署下，能够有条不紊地开展工作。但值得注意的是，研究生相比本科生具有鲜明的群体特征，研究生群体时间空间难统一、凝聚力弱，研究生党支部活动存在"三会一课"执行不严，组织生活形式单一、政治性思想性不足、效果不佳，缺乏创新性和吸引力等共性问题。研究生党支部如何以党员需求为出发点，提升组织建设的创新能力，以研究生党员喜闻乐见的方式扩大党的组织覆盖和工作覆盖，将广大党员团结凝聚起来发挥战斗堡垒作用，成为摆在新时代研究生党建面前的重大难题。

2. 创新理论的学习宣传能力有待提升

研究生党员是青年的优秀代表，是研究生中的先进分子，正处于学习理论知识、开展宣讲阐释、投身社会实践精力最充沛、最旺盛的年龄段。研究生党员不仅应抓住在校的学习机会，让自己成为新时代真正的马克思主义信仰者，更应当成为党的路线、方针、政策的传播者，青年研究生砥砺开拓的鼓劲者。但目前研究生党支部开展理论学习、宣讲阐释的内容、形式、效果等都存在一些不足，效果有待提升。从第一批入选的党支部和党员来看，有的胜在内容、形式、效果，有的胜在规格、数量、规模，这为高校研究生党支部建设提供了可供借鉴的经验。

3. 服务国家战略需求的能力有待提升

研究生教育致力于培养在重大任务和困难考验面前，能够冲得上、顶得住的人才，研究生党员应当在这方面发挥示范引领、先锋模范作用。目前各高校党支部围绕疫情防控、脱贫攻坚、乡村振兴等国家重大战略需求开展了一些工作，但贡献和服务的能力有待提升。从第一批入选的党支部和党员来看，他们大多从支部做起、从小事做起、从日常点滴做起，最终都成就了大事业、解决了大问题、实现了大发展、产生了大影响，解决了党和国家事业发展急需解决和困扰人民生活的重点难点问题。

（三）学习借鉴不够，辐射带动效应待增强

教育部、各高校都在搭建形式多样的研究生党建工作交流平台，以交流创建经验，实现共同进步。研究生大多以年级、专业、培养方式、班级等为区分标准成立党支部，各党支部独立成长、独立建设，建设经验的交流共享成为横亘在辐射带动效应面前的一大困难。同时，还存在重交流轻学习、重模仿轻创新两种现象，先进典型的辐射带动作用发挥有限。

1. 重交流轻学习

重交流轻学习指的是无论是日常交流还是会议交流，无论是私下交流还是公开交流等，都或多或少存在为了交流而交流的现象，交流会结束后，在日常琐碎事务的分解下，大家没有时间来消化吸收并推进落实所学习的东西，又纷纷扎进纷繁复杂的日常工作中，或认为他人的特色也不过如此，或认为他人的特色是基于各种天时地利人和而自身不具备这样的条件也就不必强求，最终是只交流没学习。

2. 重模仿轻创新

重模仿轻创新是指在学习交流后，注重模仿被学习对象的表象特征而非实质内涵，生搬硬套，难以在借鉴他人的基础之上形成具有自身特色的经验做法。这一层次的学习交流往往具有较强的学习意愿，交流效果较前一层次深入，但学习的方式方法出现了问题，容易产生同质化的建设模式，难

以形成自身独具特色的建设路径，甚至产生建设思路固化、因条件不同而导致效果完全不同等负面效应。

三、对高校研究生党建工作的设想

面对上述共性难点问题，为提升解决问题的针对性和实效性，本文对高校研究生党建工作提出如下思路。

（一）完善工作体系，构建党建格局

学校层面，要根据研究生教育规律，全面调研研究生党建工作现状，查找问题，明确整改措施。从构建研究生大党建工作格局的角度出发，把高校研究生党建的组织领导、具体指导、推进落实等职责落实落细落小。高校要成立研究生党建工作领导小组，制定研究生党建工作方案，建立研究生党建工作台账，印发研究生党建年度工作要点。厘清相关职能部门的职责范畴，明确党委组织部门、学生工作部门在研究生党建中的职责分工。以找问题为主、看成果为辅，不断加大对研究生党建工作的督导检查力度，确定好高校研究生党建工作的任务书、路线图、时间表、责任人。

学院层面，要加强对研究生党建工作的重视，让研究生辅导员从其他不属于其工作职责的负累中解放出来，创造条件、提供保障、加强激励，确保他们能安心尽心地在研究生思想政治教育工作岗位上发光发热。同时要为研究生辅导员开展研究生党建工作配备得力助手，通过业务培训、谈心谈

话、社会实践、志愿服务等方式不断提升党支部书记的个人素养、工作能力、专业水平和工作作风。

（二）创新方式方法，打造党建特色

发掘并发展高校的研究生党建工作特色往往能达到事半功倍的效果，高校研究生党建要着力从激发组织活力、做好学习宣讲、着眼国家战略三方面做出成绩。

1. 对接学生需求，激发组织活力

组织建设，要坚持围绕学生、关爱学生、服务学生的原则，通过问卷调查、座谈访谈等动态调研机制，听取不同类型研究生党员的意见和建议，致力于推动研究生党员由被动客体向主动主体转变，注重研究生个人的发展与成长。把研究生党建的组织要求和研究生关于学术科研、职业规划、就业深造、能力素养提升等个人需求联系起来，将事业发展、工作开展与研究生成长成才结合起来，注重以更加接地气、生动有活力的形式吸引、影响和塑造研究生党员，让他们真正喜欢、真心参与，有真实收获。

2. 发挥青年力量，做好学习宣讲

重视理论宣传工作是我们党的宝贵经验和重要优势。青年是一个国家最为活跃、最有生气的力量，研究生党员不仅应成为学习的主力军，更应该充分运用自身在理论知识和实践经验上的优势，尤其是在网络话语和对同龄人心理把握上

的优势，创新形式、创新举措，增强学习宣传的吸引力；结合不同的对象、场合宣讲不同的内容，务求实效；还要不断扩大学习宣讲的覆盖面和辐射面，把中国特色社会主义理论体系讲好讲细讲小、讲深讲透讲实，推动学习宣讲"活起来""潮起来"，让党的理论赢得青年人发自内心的认同。

3. 着眼国家战略，致力成长成才

新时代的研究生，是社会主义现代化建设的中流砥柱。习近平总书记高度肯定了研究生教育在建设社会主义现代化国家新征程中的重要地位，强调了党和国家事业发展对高层次人才的迫切需求。研究生教育最终要为党和国家输送德才兼备的高层次人才，研究生党建必须有大视野、大胸怀、大担当、大格局，立足学校、放眼中国、走向世界。研究生党员要立足时代大背景、国家大战略、世界大变局，以专业为抓手，以党建为助推，在实践体验和服务社会中坚定理想信念，践行初心使命。

（三）倡导共建帮扶，促进经验共享

高校党建是系统性、整体性工作，无论高校内部如何划分职责分工，但对于外界来讲，高校的研究生党支部建设质量很大程度上代表着高校的党建质量，因此高校应通盘考虑，打破教师党支部、研究生党支部、本科生党支部"各自为政"的局面，强强联合、优势互补，弥补现有交流共享方式的缺陷和不足。

1. 优化党支部设置

高校应在以学院、年级、专业等为成立单位的横向党支部设置方式基础上，尝试以实验室、学术研究团队、课题组、学生公寓、实习实践基地等为单位成立纵向党支部，跨越班级、年级、专业、学院、人员类别的天然界限，促进师生共建、学院共建、学科共建、校校共建、校企共建等，弥补自然设置党支部在人员构成、地域界限、资源共享等方面的缺陷与不足，扩大党组织的覆盖面，增强党支部的凝聚力。这样有利于开展组织生活，强强联合、以强带弱，实现党建与科研、教育、学生工作等方面的"同频共振"。更重要的是，纵向设立的党支部具有持久性和稳定性，能够满足研究生样板党支部成立时间上的要求，有利于建设经验的总结积累。

2. 实行一对一帮扶

在不能优化党支部设置的情况下，可在高校范围内探索建立一对一帮扶机制，由一个研究生样板党支部帮扶一个普通研究生党支部，由一名研究生党员标兵帮扶一名普通研究生党员。高校可在全面调研研究生党建工作情况的基础上，对全校研究生党建工作进行统筹规划，为不同类型的研究生党支部设置建设目标、发展方向、建设路径，并匹配相应的条件保障。针对帮扶对象的实际困难，帮扶人要认真查找问题根源，发现帮扶对象的发展优势，制定详细的帮扶方案，对症下药，对帮扶对象给予一定的指导。帮扶绩效应纳入党建考核评优体系，配套相应的奖惩措施，确保帮扶出成果。

新形势下大学生入党积极分子教育培养"四全"论略

杨世武

（首义校区党委）

在 2018 年 9 月 10 日召开的全国教育大会上，习近平总书记指出，培养什么人，是教育的首要问题。我国是中国共产党领导的社会主义国家，这就决定了我们的教育必须把培养社会主义建设者和接班人作为根本任务，培养一代又一代拥护中国共产党领导和我国社会主义制度、立志为中国特色社会主义奋斗终身的有用人才。习近平总书记还强调"要在坚定理想信念上下功夫"和"坚持把立德树人作为根本任务"。《关于加强和改进新形势下高校思想政治工作的意见》（以下简称《意见》）指出："要加强高校基层党建工作……认真做好在高校优秀青年教师、高校学生中发展党员工作……"而做好大学生入党积极分子的教育培养是做好这项工作的基础和前提。

一、在校大学生申请入党的动机各异，急需纠正、引导和鼓励

（一）对中国共产党有初步的信仰

目前，在校大学生大都为"00后"，他们是中国改革开放大潮的受益者，特别是党的十八大以来党内反腐倡廉、改革深入推进、社会日臻有序、国家综合实力蒸蒸日上的发展态势让年轻的大学生对党充满了崇敬之情。这类大学生已经初步树立了共产主义远大理想，积极进取，学习成绩优异，各方面表现突出，有一定的马克思主义理论基础，在日常学习、工作和生活中基本能按照一名党员的标准要求自己，并将加入中国共产党作为个人信仰和奋斗目标。这类大学生的入党动机较端正，思想境界较高，是高校基层党组织最应优先教育培养并需要及时确定的发展对象。

（二）积极上进但信念追求不够清晰

这类大学生是主流。他们对党的历史有一定的认识，拥戴以习近平同志为核心的党中央，认同中国共产党治国理政的新理念、新思想、新战略和中华民族伟大复兴的中国梦；他们认真学习专业知识，积极上进，集体意识强，有意识地向党组织靠拢，将加入党组织看成是大学期间表现优异和四年学业成功的标志，但他们又对马克思主义理论知之不多，对成为一名共产党员信心不足，经受挫折的能力不强。这类

学生的价值取向无疑是正确的，应加强教育培养，帮助他们进一步端正入党动机，树立信心，争取尽早被确定为入党积极分子，多鼓励、多组织他们参加学生党支部的活动和党内相关的学习教育活动，使其信念追求更为清晰。他们也是高校基层党组织教育培养的重点。

（三）盲目跟从，随波逐流

这类大学生对党的认识肤浅，对党的理论知识关注较少，内心并无信仰追求，也无递交入党申请书的主动性，但看到同班同学、师兄师姐或师弟师妹等都在参加相关理论培训班或相关活动，或者看到身边的同学已经成为一名共产党员，心中既存嫉妒之情，又有些许羡慕和向往，在各种复杂心理特别是从众心态的支配下，这类学生会被动地向党组织递交入党申请书。在对待这类学生时，应充分发挥辅导员、导师（或专业教师）的教育教导、思想政治工作的作用，以及学生党员的模范带头作用，帮助这类学生首先树立正确的人生观、世界观和价值观，帮助他们纠正个人信仰上的盲从性、随意性，加强教育，从严要求。

（四）投机功利型

这类动机多出现在各级学生干部身上，他们热衷于表现自己，工作态度颇为积极，学习成绩一般处于良好或中等层次，表现欲较强，希望在各方面能引起老师和同学们的注意；他们通常认为入党是一种荣誉，能满足个人虚荣心和家长及亲朋好友的期待，特别是便于日后的就业和职业发展。这类学生递交入党申请书积极，入党要求迫切，但是以利己为出发点，不是真信真行，而是应付敷衍，患得患失。高校基层党组织在面对这类学生时，应该严格组织发展程序，延长培养考察期，加大考察力度，督促其定期进行思想汇报，广泛听取学生党员和身边同学的意见；辅导员要将其列为思想政治教育的重点对象，加强教育引导，在其思想政治成熟的前提下再考虑发展。

二、入党积极分子教育培养的方式方法有待改进

（一）教育培训内容不系统、不深入

由于中学阶段学业压力较重，开展入党积极分子培训教育的中学可谓是凤毛麟角，进入大学后的学生对马克思主义基本原理等理论的学习和掌握可以说是"先天不足"，有的学生甚至是"零基础"。大学阶段，一般高校往往是以业余党校或分党校的形式对确定为入党积极分子的学生进行几个专题的理论培训，但往往存在一些问题。一是培训专题的设置和安排不系统，专题不成体系，都是独立的内容和理论，前后没有联系和呼应；二是不以科学的专题设置来确定授课教师，而以授课教师的研究领域来确定授课专题；三是授课形式多数为"灌输式"的教学形式，有的讲授内容干瘪，脱离实际，缺乏生动性、鲜活性；四是无论是主办方还是授课

教师都很少或没有给学员设定阅读书籍、撰写论文或学习心得体会等课后自学研习研究内容；五是师生之间缺少互动交流，授课教师与学员仅是"一面之交"，课后基本与学员没有联系沟通，学员的学习止步于课堂两小时，形成了"灌输—回流—归零"的党课教育模式。

（二）教育培训形式单一，连续性不够

按照《中国共产党发展党员工作细则》（以下简称《细则》）的要求，学生入党积极分子在确定为发展对象前必须经过高校各级党校的集中培训且培训成绩合格，取得结业证后方能被确定为发展对象，这是规定动作。而《细则》中要求的"吸收入党积极分子听党课、参加党内有关活动、给他们分配一定的社会工作"等一般未被重视或者重视不够，未能对入党积极分子做到全方位的培养、锻炼和考察；轻视全过程的培养教育，后续的教育没有跟进，形式单一和放松要求的结果是多数入党积极分子一旦结业就"大功告成"了，放松了再学习和对自身的严格要求；同时，党组织一般不严格要求、规范和量化入党积极分子必须自学研读马克思主义著作和相关学习资料，学习效果的考评也无从谈起；此外，还有些党组织以经费或安全为由不注重开展主题实践教育活动；等等。这些都会直接影响到入党积极分子马克思主义理论素养的提高和党性观念的形成。

（三）教育培训"一锅煮"的现象比较普遍

高校对入党积极分子进行的培训教育，往往是集中在一年中的某个时间段。时间上，有的速成班利用周末两天时间将所有专题授完并安排结业考试，有的持续一个月或以上。规模形式上，或者不分专业，按年级进行集中培训；或者不分年级，按专业来进行集中培训。无论上述的哪种情况，都是一种简单速成的"一锅煮"的教育培训形式，特点就是人数多、纪律差、收效甚微、形式多于内容，这种教学方式方法既不符合基本的教学规律和教学要求，也不符合大学生思想政治教育工作要"普遍要求与分类指导相结合"的要求，入党积极分子的学习效果不可避免地大打折扣。

（四）教育培养相关制度有待构建和创新

部分高校对入党积极分子的教育培养不够科学严谨，没做全过程全方位、全面立体的制度设计和安排，没有制度化规范化，没有与时俱进地进行创新。比如，对参加培训学习的入党积极分子的考核和评价，通常都以结业考试的成绩作为标准，这种简单的考核形式和单一的评价标准，很难客观准确地体现出学生的学习态度、努力程度、学习收获和学习效果。如果没有制定一套科学严格、规范可行的学习内容和评价考核制度，学生投机偷懒、蒙混过关的心理必然存在，自然很少有人去"真学""真懂""真悟""真行"，对入党积极分子培训的效果只能是"蜻蜓点水"，流于形式并止于形式。

三、对在校大学生入党积极分子教育培养工作的创新性思考

（一）全过程教育培养

1. 重视大学生入校后第一学期开展的教育培养

刚跨入大学校门的青年学子站上了人生的一个新起点，开启了新征程。对于年满18周岁的青年大学生来说，人生观、价值观的构建尚处于初始萌芽阶段，因此，无论是对前文所述的任何一类大学生，高校党组织都有责任给他们传授马克思主义理论，培育青年学子的远大理想和共同理想，这也是《意见》中指出的"要强化思想理论教育和价值引领。把理想信念教育放在首位，切实抓好马克思列宁主义、毛泽东思想学习教育……"的要求。刚入校的新生思维活跃，兴趣广泛，对各种思潮充满好奇。在这一时段要通过系统地开展马克思主义思想理论教育的启蒙并将其融入相关的实践教育活动，将普遍要求与分类指导相结合，让青年大学生走近马克思主义、初步接受马克思主义，初步接受习近平新时代中国特色社会主义思想，抓早抓小，让他们对马克思主义的理解从懵懂无知到有所知有所思，再到真懂真学，逐步深刻地感悟马克思主义真理力量，进而引导他们积极向党组织递交入党申请书，不断地思考和端正入党动机，为其成长成才打下科学思想基础。

2. 重视入党后的教育培养

已经发展为共产党员的大学生，大都会有"大功告成"之感，未免会陷入信念追求松懈的状态，特别是高年级的大学生，需要更多的时间、精力来考虑未来发展，对个人思想上政治上的要求开始逐步松懈，少数学生党员甚至全然忘了当初作为一名入党积极分子时的要求和追求。如果不重视对他们进行持续、有效的教育培养，其理想信念的坚定性、政治上的可靠性会有所动摇，信仰迷茫、精神迷失不是危言耸听。高校的各级党组织，应该趁势而为、趁热打铁，持续加强理想信念教育，在教育培养的方式和方法上想办法，多层次多角度下功夫，创新思路、创造条件、有所作为、久久为功，不仅要让学生党员对马克思主义理论进行更加深入的学习，更要通过不断的党员组织生活、党性教育、主题教育实践、党员民主生活会、联系培养新党员、批评与奖赏相结合等，让学生党员不忘初心、牢记使命，思想上不放松，政治上不动摇。只有这样，方能为学生党员在日后的实际工作中经受住诱惑和风险的挑战、永葆共产党人的政治本色筑实思想理论基础。

（二）全方位教育培养

1. 重视实践教育的作用

"百闻不如一见"，实践教育是理论教育最有益的补充。

实践教育具有鲜活性、生动性、直观性、趣味性等特点，只要事先谋划好、组织好、开展好，一般都会深受学生喜欢。但高校各级党组织很少组织实践活动，要么经费不允许，要么出于安全考虑。实践教育的缺失或不足对入党积极分子教育培养的影响是不争的、难以弥补的事实。因此，一是要积极组织入党积极分子参加形式多样、内容丰富的社会实践，如开展寒暑假的社会调查、走访慰问老红军、开展红色之旅、参观爱国主义教育基地、走进改革开放前沿地区、开展公益社会活动等，帮助他们了解社会和国情，增长才智，锻炼毅力和品格，增强社会责任感，把个人才智与社会需求结合起来，培养以爱国主义为核心的民族精神和以改革创新为核心的时代精神；二是要结合重大历史事件纪念活动、重要节日和纪念日、国家公祭仪式等组织入党积极分子积极开展主题教育实践活动，这也是大学生入党积极分子培养教育的有效形式。活动可采用图片展览、知识竞赛、文艺表演、座谈讨论、征文竞赛、演讲比赛、调研走访等形式。开展形式新颖、内容丰富、主题鲜明的活动，既能丰富大学校园文化的内容和内涵，有力促进校风学风建设，又能把对入党积极分子的教育培养融入校园文化，让入党积极分子在潜移默化中受到启发、增长才能、陶冶情操、升华认识。

2. 重视网络作为教育载体的作用

大学生是互联网络用户的重要组成部分，网络无疑应成为开展大学生思想政治教育的重要阵地，甚至是主阵地。《意见》也明确指出要加强主题教育网站建设。要充分利用好网络，建设好集理论性、思想性、趣味性、互动性为一体的"红色网站"，来开展网络互动学习教育活动。网站要注重理论的全面性、内容的专业性、形式的多样性和趣味性，要结合时事变化和网络用户的实际需求，不断地丰富和更新网站的内容，满足青年学生学习研究的需求，这样能随时随地让青年学生在网上获取知识，接受教育，久而久之，他们浏览"红色网站"的学习习惯会慢慢养成，学习的主动性也会加强。互联网的互动性特征也是互联网的一大亮点，也迎合了青年大学生爱交流、爱分享的时代个性特征。要开设在线交流、在线朋友圈、在线答疑、主题社区等板块和界面，方便青年大学生之间、入党积极分子之间、学生党员与入党积极分子之间、教师与学生之间互动交流，并使其在交流中享受学习的快乐，提升学习的效果。同时，高校党组织要让学生党员、入党积极分子成为网站建设的参与者、主导者，充分发挥他们的作用，调动他们的积极性，让他们乐在其中。

　　高校应对此有足够的重视，应该下决心下力气为"红色网站"的建设提供足够的人力保证、物质支撑和技术支持。

（三）全员教育培养

1. 入党积极分子的教育培养不单单是辅导员的事，更是全体教职员工的分内之事

《意见》非常明确地指出："把思想价值引领贯穿教育教学全过程和各环节，形成教书育人、科研育人、实践育人、管理育人、服务育人、文化育人、组织育人长效机制。"可以说，高校的每一名教职员工都应肩负其责、心无旁骛，守土有责、守土尽责。专业教师要将马克思主义理论的科学性、共产党人的先进性、公民的爱国情感融入教学之中，无论是在课堂上，还是在生活中，都要给学生传播正能量，传递最强音；要发挥自身的专业特长，积极引导学生研读马克思主义经典著作，指导学生撰写学习心得，以及从事相关科学研究等。管理和服务人员要立足自身岗位，真正做到"教育育人、管理育人、服务育人"，晓之以理、动之以情，不仅要和风细雨、润物无声，必要时还要电闪雷鸣、严字当头，做有心人，用心有情，对自己"孩子"的情况要如数家珍、了如指掌，要严爱相济、教育有方，要为青年学生的成长成才创造条件，主动承担相关工作，自觉对入党积极分子的学习、工作和生活进行留心观察、耐心考察和悉心指导，主动与入党积极分子交流谈心，主动担任入党积极分子的培养人和介绍人，等等。要形成全体教职员工都热心和关心青年学生特别是入党积极分子教育

培养的良好氛围和传统。

2. 入党积极分子的教育培养不仅仅是学生党员的事，也是全体学生的分内之事

"传、帮、带"是我国各行各业行之有效的优良传统，也是高校大学生组织发展工作的特点和优势。目前，我国高校学生入党积极分子的培养人、入党介绍人通常都是学生党员，每名入党积极分子都有可能是被考察人、被介绍人，同时也有可能会成为他人的培养人和介绍人。可以说，对于每一名入党积极分子的培养考察和任何一名学生党员的发展，其他学生党员都付出了大量的辛劳，功不可没。每一位入党积极分子的确定都离不开各位同学的推荐和评定，更离不开同学的帮助和关心，且每位入党积极分子或党员既有可能是被推荐人、被评价人、被考察人、被培养人，日后也有可能是推荐人、评价人、考察人、培养人。因此，在入党积极分子的培养教育上，身边的每位同学都应是主人翁，都应该积极主动、客观公正地参与。

（四）全力教育培养

"心中有信仰，脚下有力量"，将青年大学生教育培养成为有坚定理想信念的社会主义建设者和接班人是教育的首要问题，也是解决"为谁培养人、培养什么样的人、怎样培养人"的根本性问题。因此，中国特色社会主义大学需认真扎实、

心无旁骛地贯彻落实习近平总书记关于扎根中国大地办大学的重要教育思想，举全校之力，以只争朝夕的精神和态度来重视和加强对青年大学生入党积极分子以及学生党员的教育培养，以此为抓手来改进和提升高校思想政治工作水平。

新时代学生党员引领力提升研究

褚晶晶

（法学院）

一、新时代青年学生党员引领力的内涵

作为大学生中的先进分子，高校青年学生党员应当发挥朋辈影响，树立良好的行为典范，以较高的思想觉悟与深厚的政治理论素养，充分发挥骨干带头作用与先锋模范作用，进行价值引领、思想引领、行动引领。

（一）价值引领：培养政治情怀

大学生党员是高校践行社会主义核心价值体系的引导者，是高校中思想最进步的群体。青年学生党员要在党爱党、在党言党、在党为党，牢固树立"四个意识"，坚定"四个自信"，培养政治情怀，提升价值引领力。

一方面是家国情怀。千百年来，爱国主义将个人命运和民族命运紧紧联系在一起，在中国共产党的领导下，中华民

族从站起来到富起来，又从富起来到强起来。当代中国，爱国主义的本质就是坚持爱国和爱党、爱社会主义高度统一。青年学生党员要弘扬爱国之情，自觉将爱国情与报国志结合起来，同时要不断加强党性，永葆共产党人本色。

另一方面是人民情怀。人民是历史的创造者，"以人民为中心"的发展思想是中国共产党的不变初心，人民立场是治国理政的出发点与立足点，人民群众在中国共产党的领导下创造了中国奇迹，书写了中国篇章，找到了中国道路。青年学生党员要传承"五四"精神，厚植人民情怀，站稳人民立场，坚定"为了人民"的价值目标，凝聚"尊重人民"的价值认同，推动"服务人民"的价值实践。

（二）思想引领：坚定理想信念

理想信念是觉悟性、思想性、道德性的集中体现。共产党员的精神是"革命理想高于天"。实践证明，理想信念是共产党人的精神根基和力量源泉。然而，社会飞速发展导致异质社会思潮沉渣泛起，给高校青年群体带来了社会主义核心价值观认同危机以及意识形态安全威胁等挑战。青少年阶段是人生的"拔节孕穗期"，青年学生党员补足理想信念的精神之"钙"尤为重要。

高校青年学生党员应当坚定理想信念，以自身的思想引领力带动朋辈，共同筑牢信仰之基、补足精神之钙、把稳思想之舵。高校青年学生党员要坚定不移地学习习近平总书记系列重要讲话精神，认真学习党章党规，自觉把实践中国特色社会主义共同理想与坚定共产主义理想信念统一起来，增强"四个意识"，坚定"四个自信"，自觉为推动中国特色社会主义事业不懈奋斗，为实现崇高理想不懈奋斗。

（三）行动引领：担当复兴大任

为中国人民谋幸福、为中华民族谋复兴，是中国共产党人的初心和使命，无数中国共产党人舍生忘死、前赴后继的根本原因就是为国为民的初心使命。中国特色社会主义进入新时代，机遇与挑战并存，我们比以往任何时候都更加接近中华民族的伟大复兴。

青年学生党员要坚持将个人理想与中国梦结合，将培育和践行社会主义核心价值观内化于心，外化于行，坚决抵制拜金主义、享乐主义、极端个人主义，努力做到立德树人，德法兼修，以文化人。青年学生党员要从自身做起，做到乐于助人、敬老乐群、无私奉献、以诚待人，以真善美的行为习惯感染人、鼓舞人、带动人，用青春正能量推动构建和谐社会。青年学生党员要向榜样看齐，从时代楷模和民族英雄身上汲取前进的力量，学习"粉身碎骨浑不怕，要留清白在人间"的忠诚，学习"苟利国家生死以，岂因祸福避趋之"的担当，学习"僵卧孤村不自哀，尚思为国戍轮台"的奉献精神。新时代的青年学生党员要不忘初心、牢记使命，从思想上、行动上践行自己的初心和使命。

二、新时代青年观对培养学生党员的启示

中国共产党历来重视青年工作,青年作为党的新鲜血液及后继力量,关系到社会主义建设与伟大复兴新征程。党的十九大报告中指出,青年兴则国家兴,青年强则国家强。青年一代有理想、有本领、有担当,国家就有前途,民族就有希望。习近平总书记在纪念五四运动100周年大会上的讲话中也提出,把青年一代培养造就成德智体美劳全面发展的社会主义建设者和接班人,是事关党和国家前途命运的重大战略任务。

(一)相信青年:增强青年学生党员的主体意识

青年学生党员作为高校学生群体中的先进分子,他们的角色认同,关系到高校培养什么样的人、如何培养人以及为谁培养人的问题。青年学生党员善于接收四面八方的信息,但辨别能力不强;关注国家公共事务,但社会实践不深。他们有强烈的发声意识,倾向于运用网络手段发表看法。基层党组织要充分研究并结合学生党员的思想特点和行为特点,充分调动青年学生党员参与社会建设的激情和主动性,使他们多接受锻炼,健康成长。只有深刻认同了"党员身份"的角色体验与感受,学生党员才能有效地发挥其主体作用,不断提高为师生服务的意识和水平。

（二）赢得青年：激发青年学生党员的内生动力

赢得青年才能赢得未来。做好青年工作，要靠先进的思想理论引领青年，应以习近平新时代中国特色社会主义思想为指引，加强对青年的政治引领；要靠伟大的事业凝聚青年，广泛动员青年建功新时代，把报国之志转化为实际行动，努力成为担当民族复兴大任的时代新人；要靠优良的作风吸引青年，千方百计为青年排忧解难，做广大青年信得过、靠得住、离不开的贴心人。

青年学生党员是先进学生群体的集中代表，作为社会主义的合格建设者和可靠接班人，应该做到艰苦奋斗，锐意进取，不断创新。针对新形势、新任务和青年学生党员的新特点、新情况，高校应加强对青年学生党员的思想价值引领，壮大青年学生党员的力量。

（三）依靠青年：践行青年学生党员的使命担当

当代青年成长于国家从富起来到强起来的历史阶段，直接感受到中国实力提升的各项时代红利，对中国道路和制度有着直观感受和强烈认同。国家的富强不仅给了这一代人丰裕的物质条件，更给了他们见多识广的现实视野、赢得胜利的精神力量。新一代中国青年正以昂扬生气和青春志气，书写伟大祖国的新历史，创造伟大祖国的新辉煌，接过前辈们手中的接力棒，为实现中华民族伟大复兴的中国梦，建设社会主义现代化强国而努力奋斗。

在抗击疫情的斗争中,青年一代挺身而出,青春正能量喷薄而出,向世界展示中国新时代青年的青春力量。面对突如其来的新冠肺炎疫情,全国各族青年积极响应党的号召,不畏艰险、无怨无悔地投入疫情防控总体战、阻击战,展现了当代中国青年勇于担当的牺牲精神,赢得了党和人民的高度赞誉。高校学生党建工作应当发挥好高校教育职能,用社会主义核心价值观引导青年扣好人生的"第一粒扣子",引领学生党员在世界百年未有之大变局中,将个人的小"家"与新时代中国特色社会主义国家之大"家"结合,明确家国一体的根本联系,完成自己的时代使命。

三、提升新时代青年学生党员引领力的路径

任何事物都在矛盾中得到发展,社会主义建设也不例外,建设社会主义现代化强国需要一代又一代青年矢志奋斗。中国特色社会主义进入新时代,党的各项事业、社会发展,需要有理想、有本领、有担当的新时代青年接力奋斗。新时代青年既要立忠诚笃信之志,又要有坚定务实之行。

(一)坚持党员立场

新时代青年要有信仰、有信念、有信心,做引领者。习近平总书记高度重视青年工作,形成了独到深刻的青年观,阐明了党的青年工作在党的事业全局中的重要地位,为青年一代健康成长指明了正确道路。新时代,青年工作必须坚持

党管青年原则，努力把青年一代培养造就成德智体美劳全面发展的社会主义建设者和接班人。

以文化人，涵养家天下情怀。青年学生党员的培养事关党的执政根基，应当着力挖掘青年学生党员的自我价值与国家前途之间的联系，使其将个人命运与祖国发展紧密联系起来，用爱国主义驱动他们前行。

红旗领航，打造学习型党支部。青年学生群体是中国特色社会主义事业的建设者和接班人，要充分发挥高校学生党支部在高校中的"桃李堡垒"作用，打造一支政治立场坚定、科研素质过硬的优秀学生党员队伍。学生党支部的主要成员是在校大学生，因此，要结合支部实际，让党建与学习良性互补，解决"两张皮"的问题。要以党建红旗作为领航旗帜，激发青年学生党员的动力与活力，加强师生党支部之间的互动，树立学习科研先进典型，做到以党建促教育，以教育融党建，实现党建工作与学业教育的双丰收。

聚焦榜样，建设长效化机制。高校学生党员作为学生中的先进分子，天然具有榜样作用。为更好地发挥高校青年学生党员的引领力作用，应当着力使引领力长效化。虽然党员选拔的标准是统一的，但党员发展的方向与青年学生党员自身的特长并不完全相同，在大学四年有限的培养期内，要充分发挥青年学生党员的朋辈影响，就要结合党员特质、突出重点，同时搭建示范平台，为青年榜样党员亮身份、显风采。

（二）夯实勤学基础

新时代青年要增本领、强素质、讲奉献，做奋进者。青年学生党员如初升旭日，正处于人生积累阶段，需要丰富的知识储备，不断提升本领。青年学生党员要立足实践，坚持不懈优化自身处理新矛盾、解决新问题的方法与能力。作为新时代的青年党员，应该认真学习党的理论知识与会议精神，坚持学习的心态，做到与时俱进，与时俱新，始终站在时代发展的前列。

学思想，入脑入心。坚持读原著、学原文、悟原理，全面系统学、及时跟进学、深入思考学、联系实际学。深入学习习近平新时代中国特色社会主义思想，深刻理解这一思想的核心要义、精神实质、丰富内涵、实践要求，深入感受这一思想代表和展示的坚定理想信念、深刻人民立场、高度自觉自信、勇敢无畏担当、系统合理内涵。

学"四史"，铭记初心。历史是最好的教科书，新中国的历史揭示了中华民族从站起来到富起来的根本原因，改革开放的历史展示了中华民族从富起来到强起来的伟大飞跃。党中央提出学习"四史"的倡议，青年学生党员要认真贯彻执行，从历史中辨别得失，从现实成就中展望未来，从国际比较中建立制度自信，做有信仰有灵魂、有德行有情怀、有知识有体魄、有责任有担当的新时代青年，弘扬民族精神和时代精神。

学知识，增长才干。现代社会，社会分工更加精细，新技术新模式新业态不胜枚举，青年人有众多舞台、众多机会去展示去创造，但也需要过硬本领和全面素质去登上舞台抓住机遇。青年学生党员要想实现个人理想，必须与国家前途相结合，学习科学文化知识，提升个人素质，锻造过硬本领，为社会主义现代化建设贡献力量。

（三）抓好"实干"之关键

新时代青年要勇担当、思进取、善作为，做搏击者。心中有梦，脚下也要有路。青年向来开风气之先，走在时代前列。在伟大征途上，青年学生党员在奋斗路上既要有无私奉献的助人精神、锐意创新的进取精神、顽强不懈的奋进精神，又要有脚踏实地的担当精神、实干苦干的攻坚精神。

深入志愿服务，弘扬真善美。志愿服务作为深入社会的途径，展现了青年学子勇于担当、乐于助人的美好品质，也切实帮助了社会各方面群体，是社会治理的有效助力之一。青年学生党员的志愿服务成为青年群体服务社会的一面旗帜，获得广泛好评，涌现出一批先进典型。青年学生党员在深入进行志愿服务时需要结合专业进行有针对性的帮扶，高校团委、学生党支部应当充分发挥高校服务社会的职能，为志愿服务保驾护航，给予有效引导。

锐意进取创新，传播正能量。在实现中华民族伟大复兴的新征程上，必然会有艰巨繁重的任务，必然会有艰难险阻甚至惊涛骇浪,然而创新是民族进步的灵魂,是一个国家兴旺发达的不竭动力,也是中华民族最深沉的民族禀赋。青年人最富有活力、最富有朝气、最富有进取精神,是改革的先锋,是创新的希望,理应走在创新创造前线,传播青春正能量。

坚持艰苦奋斗,做好筑梦人。"青春由磨砺而出彩,人生因奋斗而升华。"习近平总书记强调,新时代中国青年要继承和发扬"五四"精神,在爱国主义的实践中实现自己的青春梦想,挥洒人生的汗水,用"艰难困苦,玉汝于成"的精神在新时代的征程中顽强拼搏,在新长征的道路上奋力搏击,在新思想的洗礼中锤炼意志品质,摘取属于我们这一代青年人的"胜利果实"。

结合经管学科特色
助推青年团员思想引领提升
——以中南财经政法大学"读·讲·行"项目为例

李 芳

（工商管理学院）

青年团员是共青团的骨干力量，目前，我国高校团员青年已超过在校生的95%，共青团对团员教育工作的好坏，关系着我国青年思想政治教育工作的成效及社会主义现代化建设事业的成败。随着改革开放的深入发展，我国社会结构日益复杂，社会思想文化呈现多元、多变的趋势，高校青年团员的思想也受到一定程度的冲击。习近平总书记在全国高校思想政治工作会议上强调，把思想政治工作贯穿教育教学全过程，实现全程育人、全方位育人，努力开创我国高等教育事业发展新局面。高校共青团组织根植于大学生团员中，在高校团员意识教育中具有教育、团结、联系大学生的天然优势。对高校青年团员思想引领路径的研究，可以为丰富团员青年的思想政治理论储备提供更加科学的手段，并带领他们深入开展社会实践、投身志愿服务当中，引导青年团员认识自己的责任和使命，自觉为实现中华民族伟大复兴中国梦贡献青春力量。

一、结合经管学科特色，打造"读·讲·行"育人机制

中南财经政法大学工商管理学院始终坚持"党建带团建，团建促党建"的基本思路，结合学院经管优势学科特色，以"书香工商""礼冠工商""经管共商""榜样工商""志愿工商"五大特色项目为着力点，五位一体，勠力同心，以"读"阅览群书，夯实理论基础；以"讲"会师会友，提升表达能力；以"行"实践公益，锻炼责任意识。通过举办一系列青年大学生喜闻乐见的课外文化活动，引领广大新时代青年接受书籍的熏陶，传播中华优秀传统文化，以经世济民的精神担当民族复兴大任，做德智体美劳全面发展的社会主义建设者和接班人。工商管理学院学生思想政治工作适应新任务、新时期和新形势提出的"精准思政"新要求，适应"互联网革命"带来的新常态，结合青年学生的思想关切，提升高校对青年学生思想价值引领的实践效果，助力培养担当民族复兴大任的时代新人，有利于"不忘初心、牢记使命"主题教育的开展。

（一）以"读"阅览群书，夯实理论基础

"书香工商"，营造青年爱书氛围。该系列活动的目的在于在全院团员青年中营造良好的读书氛围。我院举办"书香工商"启动仪式暨"青春向祖国告白"理论宣讲比赛，组建学院代表队参加"奋斗的我，最美的国"校园诗歌朗诵大赛，举办"悦读"栏目征稿、涓·博读书漂流、云水商泉书友会等精品活动，引导广大团员青年与书为友，在全院营造良好的读书氛围。

（二）以"讲"会师会友，提升表达能力

"礼冠工商"，培育青年知礼情怀。我院举办"携礼之手、与德相守"创意海报设计大赛、主题团日活动、礼仪讲座等活动，大力弘扬中华优秀传统文化，以礼仪之风、文化之美感染全院学子。

"榜样工商"，传承先锋引领示范。我院举办"榜样工商"之十佳青年(团队)颁奖典礼,辅之以"青年榜样面对面"、"青年榜样伴前行"、校友导航、优秀毕业生专访等活动，发挥榜样对青年学生的思想引领作用。

"经管共商"，学习理论联系实践。我院举办学术讲座、科研沙龙、论文训练营、商务谈判大赛、本科生优秀科研成果评选、"工商学苑杯"经济管理学论坛等活动，鼓励学子进行学术研究和科研创新。

（三）以"行"实践公益，锻炼责任意识

"志愿工商"，践行奉献精神。以乐翼、承毅、青鸟、暖阳四大志愿服务队为载体，秉承"奉献、友爱、互助、进步"的志愿服务精神，在助学、助残、助老、关爱留守儿童和红色文化传播等方面抒写美丽华章。培养学生的社会责任感，使其在奉献中展现青春担当。

二、依托"读·讲·行"基础，全力打造青年研习平台

培育"新时代青年研习营"，通过主题报告、理论宣讲、读书会、研讨会、社会实践等活动打造理论学习阵地。2021年，2018级本科生共举行八次研讨活动，将理论内化于心。2019级180余名入党申请人汇集网络思政力量，创建"晓南初心工作室"微信公众号，开设"青声习语"特色栏目，在40余篇推文中学习新思想、传播新理论。除此之外，我院还开展了如下活动：开设"十一书"特色栏目，让青年学生干部在不忘初心的十一封红色家书中用声音演绎青年情怀；打造"初心讲堂"平台，让青年学生同台学习分享中国共产党的精神谱系；依托研习营开展"2019级班委素质能力提升计划"，以"主题分享+专项训练"的模式让学生转状态、转时态、转语态；寻找"最美"系列活动，用最美朗读者、最美阅读者、最美研习者的榜样力量去感动身边的同学；成立"新时代丝

路青年成长社"(以下简称"成长社"),围绕"学习——品阅经典习思悟""实践——观察实践行善德""引领——榜样接力递正能"的"LPL模式"学习实践习近平新时代中国特色社会主义思想,培育学生的全球化视野。近三年,成长社共计9项大学生暑期社会实践项目获得团中央专项立项。这些项目紧紧围绕国家战略和社会治理等主题,促进各民族大学生的"五个认同"意识培育。2019年,由共青团湖北省委申报的"湖北新时代丝路青年成长社"获批全国青少年民族团结进步创新试点项目,已正式纳入全国"民族团结代代传"万人交流计划,成为全国20项国家级立项项目之一。

三、深入推进"读·讲·行"项目落地,学院育人成效显著

工商管理学院2018届655名本科毕业生中,升学人数为128人,升学率为19.54%。在29所不同升学院校中,"985工程"院校共16所,"211工程"院校共26所,"双一流"建设高校共28所,中央部属院校共23所。其中,升学至外校人数为79人,占升学总人数的61.71%。出国、出境人数为129人,出国、出境率为19.69%,主要流向11个国家和地区。其中,90%以上流向美国、英国、澳大利亚、日本等国及中国香港地区,人数集中的前10位高校均在2018年QS世界排名100名以内。

工商管理、市场营销等专业学生就业情况较好,物流管

理和人力资源管理等专业的就业形势也呈现出良好势头，就业率均超过97%。就业行业涉及金融公司、地产公司、物业服务公司、咨询公司、网络科技公司、资产评估公司、会计师事务所、国家企事业单位等。

工商管理学院学生从事学术科研的热情得到极大提升，并取得诸多可喜的成果。在科研竞赛方面，我院2014级本科生黄伟东、李敏等同学获得湖北省第十一届"挑战杯"大学生课外学术科技作品竞赛一等奖、二等奖的优异成绩。在我校2017年本科生优秀科研成果奖评比活动中，我院共有6项科研成果获奖（全校共计14项），占比达42.86%，获奖总量位居全校第一；在学科竞赛方面，我院各专业学生积极参加各类学科竞赛，在全国大学生模拟企业家商业竞赛、全球品牌策划大赛中国地区选拔赛、中国大学生人力资源职业技能大赛、全国高校商业精英挑战赛商务谈判竞赛、全国大学生物流设计大赛等各项比赛中专业基础扎实，斩获多个一等奖、二等奖。

工商管理学院先后涌现出受教育部、团中央来信表扬的"强国一代新青年"伊力夏提·艾合麦提、获第九届全国大学生数学竞赛二等奖的胡雨薇、获得湖北省第十一届"挑战杯"大学生课外学术科技作品一等奖的黄伟东、获得中国大学生足球联赛（西南赛区）第二名的袁显成以及获得中国大学生健美操锦标赛冠军并将代表学校参加国际赛事的张馨文，在朋辈大学生中形成了"示范效应"和"联排效应"。

工商管理学院青年一直倡导学生服务社会。开展"青鸟情，筑梦行"关爱农村留守儿童项目，切实从精神、物质层面帮扶留守儿童，改善留守儿童的学习生活现状；进行"志承党魂"——大学生承宣红色文化计划项目多渠道开展红色教育，增强社会民众抵御不良思潮冲击的能力；开展"爱如暖阳"——阳光助老志愿服务项目，深入了解老年人群体渴望得到社会关爱和帮助的需求，助力实现老有所养、老有所乐。

中南财经政法大学"读·讲·行"项目结合经管学科特色，打造"读·讲·行"育人机制，并以"读·讲·行"为基础，全力进行青年研习平台的建设，在育人方面成效显著。该项目以经管学科特色结合青年研习平台的建设，助推青年团员思想的提升，为我国各大高校加强对共青团员思想建设提供了宝贵的经验。

高校基层党建与中华优秀传统文化互促互融有效路径研究

马 晴

（工商管理学院）

党的十八大以来，党中央高度重视中华优秀传统文化的传承与发展，在国际国内多种场合，多次强调深度理解、积极传扬、创新发展中华优秀传统文化的必要性、重要性和紧迫性。始终从国家顶层设计的高度推动中华优秀传统文化的继承创新，并为其赋予新的时代内涵，使之成为实现"两个一百年"奋斗目标和中华民族伟大复兴中国梦的强劲内生力量。

根据《关于实施中华优秀传统文化传承发展工程的意见》，要推动中华优秀传统文化的创造性转化和创新性发展，并将其融入高校思想政治教育。高校作为思想政治教育的主阵地，承担着立德树人、提高青年学生人文素养和促进青年学生全面发展的重要任务。中华传统文化经过五千余年的积淀与发展，为高校思想政治教育提供了充足的养分，其中的优秀基因一直对高校青年学生的世界观、人生观和价值观发挥着重要的引领和形塑作用。高校青年学生是新时代生产生活和改革建设各个领域主要参与者，基层党组织作为高校党建最坚实的战斗堡垒和活力源泉，更应该也更有必要将优秀传统文化融入基层党组织的学习和建设中，从而将学生党员培养成为传承、创新中华优秀传统文化的先锋力量。

一、高校基层党建与中华优秀传统文化互促互融的重大意义

新时代背景下，党和国家对人才的培养越来越重视，高校要深入探索"怎样培养人"的根本问题，才能为党和国家输送优秀的人才。由于新时代的新青年主要以"90后"和"00后"为主，他们具有思想开放、个性突出等特点，传统的教育方式会使得教育存在灌输性的特点，学生缺乏系统性的学习，学习热情不高。因此，将高校基层党建与中华优秀传统文化互促互融，通过灵活多变的教育方式让学生走出课堂，在传统文化的氛围中接受熏陶，可以很好地解决以上问题。其意义主要有以下三个方面。

高校基层党建与中华优秀传统文化的互促互融，是复兴中华优秀传统文化的重要方法。人才培养、科学研究、社会服务、文化传承与创新和国际交流合作是高校承担的重要使命，也是评价高校核心竞争力的重要维度。大学是文化传承

的重要载体，也是人才培养的基地。在大学教育的过程中，优秀传统文化对学生思想的引领作用非常重要。同时，校园文化建设也是高校软实力的重要体现，优秀传统文化已随着社会主义核心价值观与校园文化建设的高度和不断融合、大学生主体作用的发挥、传播途径载体的更新迭代、管理制度的健全完善，而逐渐焕发出了新的生机。

高校基层党建与中华优秀传统文化的互促互融，是贯彻高校"以文化人"教育理念的重要途径。党的十八大以来，以习近平同志为核心的党中央对文化建设的内容、任务和意义等做出了一系列重要论述，将文化自信提升到了一个新高度，极大丰富了中国特色社会主义理论体系，开辟了马克思主义文化理论发展的新境界。落实"以文化人""以文育人"，是办好中国特色社会主义大学的内在要求，更是加强高校思想政治工作的重要举措。高校在新的形势下更有责任和义务让青年学生理解和传承这份文化自信，从而扛起社会主义合格建设者和可靠接班人的历史重任。

高校基层党建与中华优秀传统文化的互促互融，是完善高校基层党建体系和党员培养模式的客观要求。高校基层党建的主要目的是育人，其中也包括了对优秀传统文化的继承与发展，但从目前情况来看，各大高校仍存在基层党建与中华优秀传统文化没有很好融合的情况。同时，社会上不同思想文化在高校内交流、交融、交锋，学生党员虽然是大学生群体中的先进分子，但仍然具有大学生年龄层段的特性，面临多元文化价值的冲击和影响,也会出现思想和立场上的怀疑和摇摆。故如何引导学生党员树立并坚定价值观,进而影响和带动周围同学坚持正确的价值取向,做出正确的行为选择,这些都需要从优秀传统文化中汲取智慧。高校基层党建与中华优秀传统文化互促互融能使学生党员在修其身的同时更能体现模范带头作用。

二、高校基层党建与中华优秀传统文化互促互融的主要作用

将中华优秀传统文化与高校基层党建相结合,对于高校甚至党和国家的发展具有重要作用。通过这种方式,一方面迫使高校基层党组织推陈出新、创新教育方式,在传统文化中融入时代理念;另一方面也可激励大学生主动学习党的知识和优秀传统文化,将所学知识运用到实践中,促进学生综合素质的提高,有助于培养全面发展的人才,为推动社会的发展与进步,为实现中华民族伟大复兴的中国梦奠定坚实的基础。

首先,通过中华优秀传统文化与高校基层党建的交融,能逐步改善高校青年学生对中华传统文化的"漠视"现象。将优秀传统文化和高校基层党建、学生党员培养充分融合,用理论指导实践,可以使学生党员在面对复杂的国际国内局势带来的影响和挑战时能够坚定"四个自信",主动抵抗文化虚无主义,用文化自信支撑言行,修身以达人。

其次，将中华优秀传统文化充分融入高校基层党建工作当中，对学生党员进行思想教育和实践引领，能使其在继承和弘扬中华优秀传统文化的过程中担负起自己作为一名学生党员的责任与担当，以提高学生党员先进性为源头，辐射和培养出更多具有先进思想的大学生，使其成为"讲好中国故事，传播中国声音"的活力和能量源泉，培养大量有理想有信仰的青年"发声者"，从而为中国特色社会主义建设提供强有力的组织保障。

最后，迫使高校基层党组织不断思考和探索传承发展中华优秀传统文化的新方式、新方法、新路径，使中华优秀传统文化无论在何时都能够保持"激活"状态，顺应时代，实现"以古人之智慧，开今人之生面"的历史使命和现实价值。构建"互联网+党建+传统文化"的传统文化传承党建体系，能实现文化传承方式创新、高校党建模式完善和高校文化育人环境提升的协同共进。

三、高校基层党建与中华优秀传统文化互促互融的实现路径

为实现高校基层党建与中华优秀传统文化互促互融，高校应在实践中不断探索，结合当代大学生的特点，尊重学生的个性发展，创新教育模式。其主要路径包括以下五方面。

（一）依托优秀传统文化丰富党课，牢固树立文化自信

高校基层党建仍存在教育形式单一、缺乏党建活力等问题，导致学生在学习过程中缺乏积极性和主动性，因此在"第一课堂"上下功夫是高校基层党建的关键。高校应根据不同年级学生的思想情况，把中华优秀传统文化知识融入党课教学，把握文化自信的主线，设计内容丰富、形式多样的课程，让学生党员学习中华优秀传统文化，并通过慕课、微课等学生喜欢的方式提高其阅读兴趣，引导学生认识中华优秀传统文化的精神，激发学生的学习积极性，让学生在吸收传统文化知识的过程中增强民族自豪感和自信心，促使中华优秀传统文化教育在基层党建工作中发挥最大效用。

（二）培养学生学习兴趣，提高主观能动性

推动高校基层党建与中华优秀传统文化互促互融，精确把握学生兴趣点非常重要。首先，高校基层党建要改变空洞的说教方式，将理论通俗化、形象化、大众化，通过喜闻乐见的形式提升学生学习中华优秀传统文化的兴趣。其次，通过翻转思政课堂、开展读书交流会等活动，引导学生进一步理解中华优秀传统文化精神的实质及时代价值。此外，可通过"学生党员讲党课"的方式，提高党员主观能动性，让其在主动学习的过程中更全面地了解中华优秀传统文化，宣传和弘扬中华优秀传统文化，从而发挥学生党员的先锋模范作用。

（三）创新实践教育模式，知行合一体悟真知

高校基层党建不仅要通过学习理论知识提高党员的基本修养，同时也要通过社会实践将理论转化为实践。因此，高校要充分发挥"第二课堂"的作用，如开展参观烈士陵园等党组织活动，培养学生党员天下兴亡、匹夫有责的担当意识，开展社区志愿服务活动，培养学生党员尊老爱幼的传统美德。广大党员要将培训中学习的理论知识转换到实践中，在实践中意识到自身的责任和义务，从实践中体悟出真知。此外还可开展交流活动，引导学生畅谈实践中的人生和体会，通过实践将传统文化的优良思想观念及道德规范发扬光大。

（四）创新传统文化内容，融入时代新兴理念

在融合高校基层党建和中华传统文化的过程中，需要将传统文化创新发展，去其糟粕、推陈出新，与新时代社会主义核心价值观相结合。诚实守信、乐于助人等优秀传统文化具有重要的价值和文化内涵，创新性继承和弘扬优秀传统文化可以提升民族自豪感和凝聚力。在高校党建工作中要利用优秀传统文化，并结合习近平新时代中国特色社会主义思想，对党员进行教育，使其具有坚定的政治信念，成为对社会有用的人，真正做到为党育人，为国造才。

（五）运用多种宣传方式，营造学习优秀传统文化的氛围

要发挥优秀传统文化在高校基层党建中的作用，需要营造

良好的校园氛围。高校应积极利用互联网等现代科技手段，通过公众号、广播台、宣传栏等宣传方式，全方位开展优秀传统文化宣传工作。同时，校宣传部、学生社团等部门在筹办的活动中需融入优秀传统文化知识，让学生在参与活动的过程中学习中华优秀传统文化。此外，高校也要深入挖掘学校自身的文化底蕴，通过述说校史、宣传知名校友等方式，提升学生凝聚力，奠定良好文化底蕴。

总之，以复兴和弘扬中华优秀传统文化的国家顶层设计和青年学生肩负的历史使命为背景，研究高校基层党建与中华优秀传统文化互促互融的新思路、新路径、新方法，有助于促进民族精神与时代精神的融合，彰显基层党建中的传统文化基因，培育文化自信和民族自信；有助于深刻领会和进一步发展马克思主义中国化在基层党组织中的生动实践；有助于优化高校学生党员培养模式，提升学生党员的人文素养和综合素质，树立正确的价值取向，进行正确的道德实践，发挥核心作用；有助于夯实基层党组织自我完善的思想基础，激发其活力，最终推动基层党组织先进性建设。

参考文献

［1］宋莉.中华优秀传统文化下的高校基层党建研究述评［J］.湖北开放职业学院学报，2020，33（13）：120-121，126.

[2]包江胜,卢朝阳.优秀传统文化融入高校基层党建的研究[J].湖北开放职业学院学报,2019,32(21):38-39.

[3]徐谦,骆红平.新媒体环境下优秀传统文化融入大学生思想政治及党建工作的对策研究[J].传播力研究,2019,3(29):218-219.

[4]矫菲.中华优秀传统文化与高校基层党建的融合创新研究[J].长江丛刊,2019(24):166-167.

[5]黄凯兰.中华优秀传统文化与新时期大学生党建工作的结合与实践探讨[J].青年与社会,2019(19):29-30.

[6]姜蓉,马宏.中华优秀传统文化与新时期大学生党建工作的结合与实践[J].智库时代,2019(12):10-11.

[7]张晓丹,薄长东,殷红玲,等.文化自信视域下中华优秀传统文化与新时代高校基层党建工作有效融合的路径探索[J].市场论坛,2018(12):9-10,22.

互联网时代高校辅导员网络党建工作研究[①]
——以晓南初心工作室为例

水晶晶　张雯静

（工商管理学院）

一、研究背景

习近平总书记在全国高校思想政治工作会议上指出，要做好在高校教师和学生中发展党员工作，加强党员队伍教育管理，使每个师生党员都做到在党爱党、在党言党、在党为党。推动新时期党建育人工作的模式创新，是新时期思想政治教育创新的重要抓手。因此，在当前的高校党建工作建设中，创新大学生党建工作是思想政治教育工作创新的应有之义。

在创新过程中，精准把握大学生特点，遵循互联网发展

[①] 本文受中南财经政法大学中央高校基本科研业务费专项资金资助（2722021DS00）。

规律，激发思想政治教育共鸣才可以使大学生更好地融入其中，接受思想政治教育的引领。中国特色社会主义进入新时代，新一代大学生群体也有其独特的特点。根据各大高校的统计数据，自2018年开始，"00后"新生占比较大。"00后"思维活跃、喜爱新鲜事物、对新媒体的接受能力和使用能力强。要面向"00后"精准开展理想信念教育，使其把好世界观、人生观、价值观这个"总开关"，引导大学新生"扣好人生第一粒扣子"，就要顺应新时期、新形势下思想政治教育的新要求，因时而进、因势而新，引领学生成长成才，为社会培养出更多政治素养优、理论素养实、作风素养硬的有用人才。

大学生作为"互联网原住民"，浏览、评价、传播视频是他们生活方式的选择，也是文化心理和价值观的选择。加之手机性能的不断升级，使用移动设备拍摄图片、视频，录制声音深受大学生欢迎，通过图片、视频、声音这些传播素材接收信息、获取知识对当代大学生具有巨大吸引力。音频、视频传播具有极其鲜明的自媒体属性、裂变式的传播能量、交互化的传播方式、碎片化的传播特征，对习近平新时代中国特色社会主义思想的传播起到极强的促进作用。

辅导员党建网络工作室正是在线下活动的基础上，为了破除"灌输式"党建教育的弊端，捕捉合乎学生思想认识接受特点而成立的。工作室创新学习内容和方法手段，关注时代发展，紧扣时代脉搏，顺应时代潮流，反映时代要求。发挥学生创作者和传播者的角色作用，引导大学生通过深入的党建理论学习，在理解、归纳、总结、提炼之后，结合自身所见所闻所感，转化学习成果为网络作品，在微信平台高频推送。学生作为接收者和使用者又能在网络平台上获取优秀成果来进行自我教育，在"+互联网"和"互联网+"的不断互动中，实现现实和网络两个空间的全方位学习。

二、网络党建工作研究现状

高校党建是党的建设新的伟大工程的重要组成部分，高校党建工作对人才党性养成以及综合素质提升影响较大。网络为党建工作提供了新的途径，互联网对人们的认知模式产生了深远影响，也对党建工作产生了全方位的影响[1]。目前关于网络党建的研究较为丰富，包括了关于网络党建内容、形式、信息化建设、存在的问题、创新发展路径等的诸多内容。在当前网络党建的工作中，主要存在党建工作事务繁忙、活动形式缺乏创新性、党建工作人员对信息化和网络化技术的应用乏力、党建工作落后于信息化建设发展、针对时事信息反应不够迅速这几个主要问题[2]。高铭泽提出要加强党建工作人员的信息技术应用能力，同时分别建设对内和对外的信息

---

[1] 孙小燕，余琼."互联网+"时代高校网络党建研究[J].学校党建与思想教育，2020（20）：19-21.

[2] 荣琦，江丽思.分析高校党建工作网络信息化建设创新策略[J].通讯世界，2020，27（2）：200-201.

交流平台以加强信息交流，促进党建工作的开展[1]。

从目前的研究来看，现有研究更多是关注网络党建工作开展中信息技术应用时存在的问题，而关于学生党建内容创新和平台创新，以及如何使学生参与其中，开展沉浸式学习的探讨较为缺乏。曾丽英和凤伟在研究中提出，利用年轻人喜欢使用的软件——抖音开展党建工作更加开放便捷，和学生等年轻群体的互动性更强，相较传统党建工作中主要拘泥于文字的学习和宣传方式，抖音可以用短视频的方式向大众呈现自己所要传递和讲述的内容[2]。而在王昕和李晖丹的研究中，回收的592份有效问卷调查显示，关于了解学校党组织工作的方式，80.5%的人选择了"党支部会议"，"党组织官方微博、微信平台"占75.3%，"党组织官方网站"占68.8%，"思政课、党课"占64.2%，由此可见，在党建知识方面，当前的大学生更多是选择通过网络的方式了解，这样的方式也能大大提高他们的接受度[3]。因此，本项目结合以往的研究成果和笔者的工作经验，建设辅导员党建网络工作室，通过线下活动和线上推送相结合的方式，开展多种创新

---

[1] 高铭泽. 网络时代背景下高校党建工作的信息化发展研究[J]. 环渤海经济瞭望, 2019（8）: 135.

[2] 曾丽英, 凤伟. 高校利用网络平台抖音APP进行党建工作探究[J]. 求学, 2019（44）: 7-8.

[3] 王昕, 李晖丹. 利用网络媒体创新高校基层党建工作的思考[J]. 现代教育科学, 2018（3）: 54-57, 88.

且使学生愿意参与的系列活动，加强网络思想引领，以微信公众号"晓南初心工作室"为平台和窗口，开展高质量的学生党建工作。

三、项目设计

（一）项目主题

以互联网为代表的新兴媒体已深度融入大学生的学习和生活，利用网络开展思想政治教育成为高等教育工作者不可回避的时代潮流。高校学生党建是思想政治教育的重要组成部分，在互联网思维的激发下，项目组创建辅导员网络党建工作室，将其作为开展大学生党建工作的窗口和平台，创新党建教育内容和形式，面向青年大学生进行思想政治引领，通过多媒体技术手段对党的理论实践、社会主义核心价值观、主流意识形态进行演绎、"包装"和"加工"，化抽象为具体、化枯燥为有趣，在极大地扩大思想政治教育阵地的同时，增强思想政治教育的吸引力、感染力、影响力和时代感。

（二）项目思路

辅导员工作室的建设通过策划"青年研习""寻找最美""行走课堂""网络引领"等一系列项目，通过话语表达、笔尖行动、朋辈示范、社会观察、社会实践、网络文化塑造等主题教育活动，引导大学生主动参与学习习近平新时代中国特色社会主义思想的理论和实践活动，在深入学习和碎片式学习相辅相成、相得益彰的条件下，将思想精髓内化于心、外化于行，进而促使当代大学生从实际出发找准自身定位，为其成长发展指明方向，为中国梦的实现凝聚青春力量。与此同时，利用微信平台的传播优势，把学习成果转换为精彩的画面、动听的声音和优美的文字，在声像结合、图文并茂的网络作品中，优化大学生对党的理论和实践内容的理解和吸收，在线上线下教育的不断转换中形成党建教育"互联网+"和"+互联网"的工作思路。

"青年研习"项目坚持内容为王，举办"青声习语""十一书""汇声汇影""四史微课堂""与你读书"系列活动，阅读、朗读习近平总书记重要讲话原文，表演《见证初心和使命的"十一书"》，观看经典主旋律影视作品，讲授中国共产党史、新中国史、改革开放史和社会主义发展史等，将政治理论学习和教育可视化、可听化生动融合，在字正腔圆、声情并茂、铿锵有力的诵读中不断加深对习近平新时代中国特色社会主义思想的学习和感悟。

"寻找最美"项目以寻找最美研习者、最美朗读者、最美阅读者、最美战"疫"志愿者等为依托，挖掘大学生中的优秀骨干，讲述他们的成长经历、先进事迹、奋斗故事，发挥朋辈示范的作用，影响感染周围同学。

"行走课堂"项目将社会作为思政和党建教育的课堂。以中国共产党的精神谱系的学习实践为主线，追寻中国共产党的奋斗足迹，实地走访革命圣地，感受革命精神。践行志愿服务精神，为国家发展、疫情防控发光发热。

"网络引领"项目遵循新时代互联网发展特点，着力培养大学生的网络素养，尤其是大学生的网络舆情素养，营造积极健康的网络文化氛围，突出大学生舆情主体作用，推动习近平新时代中国特色社会主义思想走进网络。

开通微信公众号，打造指尖上的学习教育新平台。平台下设"青声习语""青年研习""观察日记""四史微课堂""汇声汇影""行走课堂"等专栏，及时推送有关学习资料，推动大学生政治理论学习常态化、移动化、便利化；实时发布"晓南初心工作室"工作动态，让青年大学生有机会争相晒成果、谈体会，有效提升活动吸引力和实效性；定期开展"青年网上点评时事""解读共产党人精神谱系"等主题活动，积极引导青年学生通过网络增强对党建工作的认同感。

四、项目开展

（一）前期工作基础

1. 营造浓厚的党建学习氛围

项目组所在单位近年来打造"读""讲""行"三位一体提升党员培养质量工程，通过开展主题阅读活动，座谈，理论宣讲，书、影评活动，主题征文活动等，启新时代学生党员之思；开展"我讲微党课"理论宣讲活动，传新时代学生党员之音；将志愿服务工时要求纳入党员培养方案，开展党员导航活动，组织学生党员开展暑期社会实践活动，递新时代学生党员之情。在培养质量工程的实施下，学院营造了良好的党建教育氛围，积累了丰富的活动开展经验。

2. 开通辅导员党建微信公众号

辅导员工作室的微信公众号上线一年多，网络作品推陈出新。以"青声习语""十一书""汇声汇影""四史微课堂""与你读书""观察日记"为主题的系列活动已经火热开展，网络作品推送一百余篇。

（二）中期推进阶段

以"青年研习"系列主题教育的形式，贯彻落实习近平新时代中国特色社会主义思想的理论学习。把新时代青年研习营培育成先进的学习组织，创作"学四史、讲初心、践使命"的网络微课视频，开展"见证初心和使命的'十一书'"的网络展演。

以"寻找最美"为依托，发现大学生中的优秀骨干。挖掘在抗疫一线、志愿服务、学习科研、创新创业等方面的突出典型，组成事迹报告团，开展朋辈示范教育。

结合"行走课堂"开展实践教育。把共产党人精神谱系的学习实践作为主线，带领大学生走向社会。挖掘红色文化资源，作为党建教育的素材和载体，围绕学院的品牌党建活动，通过志愿服务、社会调查等形式抒发大学生的家国情怀，展现大学生的青年担当。组织学生到革命遗址遗迹、纪念场馆实地学习了解相关历史，现场体验革命传统和革命精神。撰写观察日记并在网络上互动分享，引领学生深化实践效果。

以提升学生网络素养为目的开展"网络引领"。采用以课堂学习为主、线上辅助宣传为辅的教学模式，积极开设媒介素养相关讲座，加强学生对媒介素养的认知，对媒介信息的传播途径和传播规律、媒介组织的运作规律、学生主体在媒介信息传播中所处的位置等进行详细介绍，并教授学生在媒介信息传播中应该遵守的法律法规。

（三）网络推广阶段

以重大节庆日、重要活动、重要节点、重大网络舆情事件为契机，创作、推广弘扬主旋律的网络作品。把握国庆节、建党节、抗战胜利纪念日等时间节点中蕴含的教育内涵，结合微信平台的传播特点，精心设计，提前谋划。

加入新媒体平台推广矩阵。高校校园内的新媒体平台活跃，互动频繁，工作室的微信公众号积极加入校园媒体矩阵中，构建多形态、立体化、多层级传播矩阵，放大正面宣传效果。除此之外，与校外媒体，尤其是官方媒体建立长期互动的良好机制，积极供稿，展开合作。

五、工作成果与启示

(一)学习和贯彻习近平新时代中国特色社会主义思想,前移党员教育关口

加强新时代大学生的培养教育,确保党员发展质量,严把党员入口关。助推入党申请人、入党积极分子"教育关口"前移,使"不忘初心、牢记使命"主题教育的触角延伸到入党申请人和入党积极分子的队伍之中,端正当代"00后"大学生的入党动机,培养党的后备力量,打造教育的"前沿阵地"。"晓南初心工作室"自2020年2月起,坚持积极推送在抗疫过程中涌现的正能量,破除谣言、汇聚战"疫"信心,彰显中国担当和道路自信。学院百余名学生在思想上受到洗礼,主动向基层学生党支部提交入党申请书。

(二)利用新媒体平台、网络作品等促进党建工作方式网络化

网络媒体是现下最广泛、接受度最高的信息获取方式。利用新媒体平台丰富的理论教育形式,如看视频、听音频等方式,更能让学生及时地接触到中国共产党最新最先进的思想理论和治国方略。这一方式同时兼具可操作性强、吸引力强的特点。采用"线上+线下"的活动形式,突破了时间和空间的局限性,提高作为互联网"土著"的大学生参加党建活动的积极性。同时,互联网平台的宣传功能也使党建活动

的影响不仅仅局限于学生党员、发展对象、入党积极分子、入党申请人,而且辐射全体学生,使更多的青年学生了解中国共产党,了解中国的改革发展,激发他们加入党组织的意愿。

(三)带动大学生自我教育和互相教育,实现从被教育主体到教育主体的转变

辅导员工作室将新时代青年研习营作为优秀学生组织进行培育,使其成为高校学习贯彻习近平新时代中国特色社会主义思想的重要平台。开展面向学生的朗读活动、微讲堂和组织理论宣讲团,使学生成为受教育的主体。同时,学生的朗读内容、理论观点发布在网络上又起到影响周围其他同学的效果,听的人和讲的人达到了"同频共振",在此过程中学生又成为教育主体。2020年8月,武汉迎来秋季学期首批返校大学生,辅导员工作室以网络为媒介,打造"回家工程",助力做好学院学生返校的工作,经验做法被新华社报道。

(四)提高了青年大学生的网络媒介素养

网络素养就是在新媒体时代,对网络信息的选择能力、理解能力、鉴别能力和创造能力。辅导员网络党建工作室在开展工作的过程中,教会学生在面对纷繁复杂网络信息的时候,理智辨别信息,选择紧扣时代发展脉搏、弘扬社会主义核心价值观的信息主题进行创作和传播。学生在创作学习作品的过程中坚持原创,精心设计表现形式,选择适合的拍摄方式和制作技术,无形中提升了对新媒体的理解能力和应用能力。2020年7月1日,工作室创作的作品《强国一代祝福党》,在中国共产党成立99周年之际,通过网络云合唱的方式表白中国共产党,作品被包括团省委在内的百余家媒体转载。

党建引领学生社区网格化治理：
内在机理与实施路径[①]

张黎明　刘茂盛

（公共管理学院）

学生社区网格化治理是基层社会治理的重要组成部分，亦体现立德树人的教育特征。在学生社区网格化治理中突出党建引领，既能发挥党建的"功能引领"效用，也能彰显党建的"实践教育"意义。

一、问题的提出

党建引领社会治理是党的十九大以后着力推进国家治理体系和治理能力现代化的重要理论研究问题之一。党的十九

[①] 本文系中南财经政法大学"百年·百项"基层创新党建项目"党建引领学生社区网格化治理的机制研究——以常态化疫情防控为背景"的阶段性研究成果。

大报告提出"打造共建共治共享的社会治理格局",其中强调要"加强社区治理体系建设"。党的十九届四中全会进一步明确要构建基层社会治理新格局,健全党组织领导的自治、法治、德治相结合的城乡基层治理体系,健全社区管理和服务机制,推行网格化管理和服务,发挥群团组织、社会组织作用,发挥行业协会商会自律功能。由此可见,党的领导与基层社会治理之间存在着密不可分的关系。通过党建引领包括学生社区在内的基层社会治理,对于推动国家治理体系和治理能力现代化具有重大的理论价值与现实意义。

以"党建引领"和"社会治理"为关键词在知网上检索CSSCI论文,共计50余篇,其中47篇发表在党的十九大召开之后。对现有研究成果进行归纳,可分类如下:第一,党建引领社会治理的理论价值研究,重点论证党建在社会治理中的领导力、组织力与协调力。叶敏在《政党组织社会:中国式社会治理创新之道》中,以对历史和宏观体制背景的透视,强调中国共产党的组织体制建设在中国社会治理中的重要作用[1];布成良在《党建引领基层社会治理的逻辑与路径》中,明确党建引领基层社会治理是区别中国与西方社会治理逻辑,理解新时代中国社会治理的理论主线[2]。概言之,党建引领的

---

[1] 叶敏.政党组织社会:中国式社会治理创新之道[J].探索,2018(4):117-122.

[2] 布成良.党建引领基层社会治理的逻辑与路径[J].社会科学,2020(6):71-82.

历史沿革与建构理性是共筑中国特色社会治理模式的理论基石。第二，党建引领社会治理的实践经验总结，以长三角、珠三角等发达城市的党建引领治理案例为例，凝结成可供借鉴的实践经验。刘悦伦执笔的《以基层党建引领基层社会治理——珠三角的探索与实践》一文中，归纳出珠三角地区党组织在固本强基、组织架构、党群直连、依法治市、协同共治和网络理政6个方面的有益经验[1]；李永海在《区域协调发展中的超大城市治理——以党建引领北京疏解提升工作为例》中，突出基层党组织的宣传能力、行动能力、信息优势、行动品质、群众基础、纪律优势和大局意识，以"7个转化"助推重大疑难问题的有效解决[2]。简言之，党建引领基层社会治理，既要挖掘党建引领的一般性规律，更要紧密结合当地实际因地制宜地开展"党建促治理"工作。第三，党建引领社会治理的可行路径探讨，其中涵盖政治引领、组织保障、党群直连、协同共治等功能引领方略。典型代表为布成良所提出的充分发挥基层党组织的政治引领作用、从"组织引领"到"功能引领"的转变、创新引领方式与机制三个方面[3]。

---

[1] 刘悦伦. 以基层党建引领基础社会治理——珠三角的探索与实践[J]. 理论视野，2017（5）：67-70.

[2] 李永海. 区域协调发展中的超大城市治理——以党建引领北京疏解提升工作为例[J]. 甘肃社会科学，2018（5）：160-166.

[3] 布成良. 党建引领基层社会治理的逻辑与路径[J]. 社会科学，2020（6）：71-82.

综上观之，党建引领社会治理的有益经验诚然可以作为学生社区网格化治理的基本遵循，然学界对学生社区网格化治理的特殊性明显认识不足，有效应对疫情常态化背景下学生社区的突发性问题依旧缺乏理论支撑。具体包括以下两个方面：其一，党建引领学生社区网格化治理的特殊性，即治理功能和教育功能如何双轨互动；其二，党建引领学生社区网格化治理的症结点与重难点，即明确党建引领学生社区网格化治理的实践路径。本文即以此问题出发，试图拨开理论的阴霾，提出现实的路径。

二、党建引领学生社区网格化治理的理论基础与现实意义

（一）理论基础

党的建设与学生社区治理两者之间的关联是破解党建引领学生社区网格化治理问题的理论前提。其中，以学生为主体的党建"引领"与社区"自治"，前者把方向、选人才、注动力，为后者的服务实践提供不竭动力；同时，后者的重实践、重教育、重服务，又为前者的有效引领提供了广阔的平台。

第一，党建引领与社区治理相结合，提升学生社区治理的深度。学生社区治理的核心在于统筹运用多重资源，搭建党委领导、学生参与、法治保障、科技支撑的治理平台，形

成共建共治共享的治理格局。将党建引领融入学生社区治理之中，在提升学生社区治理效能的同时，更能在政治引领上深化教育实践，扩展"三全育人"的实践阵地[1]。这一议题作为社区治理和思政教育的交叉领域，为当今学界研究的空白，值得深入研究及阐述。

第二，党建引领下的治理与教育相结合，拓展学生社区治理的广度。党建引领下的学生社区治理是在坚持基层党组织的领导下逐步开展的，其内容既包括党建引领治理的卓越成效，也包括以党建引领为重要阵地，构筑起治理与教育相互结合、齐头并进的生动局面。将学生社区网格化治理融入党员建设中来能够极大扩展学生社区治理的边界，不仅仅作为治理的空间格局，更应作为思政教育的生动实践，锻造一批有温度、有思想、有情怀的自治队伍。

第三，制度建设与组织建设相结合，延伸学生社区治理的长度。在学生社区治理的方式上不仅要注重短期的组织队伍建设，更应谋划长远，将制度建设放在首位。相较于一般组织建设的短暂性，具有长远性的制度建设将会推动学生社区建设更加趋于长远性、战略性[2]。伴随着依规治党的深入开展，党的建设的高标准、严要求进一步锻造出一批讲规则、

---

[1] 靳诺. 党建引领首都基层社会治理新格局[J]. 前线，2020（2）：73-76.

[2] 陈友华，夏梦凡. 社区治理现代化：概念、问题与路径选择[J]. 学习与探索，2020（6）：36-44.

重实践的有为党员干部，从而进一步带动学生社区治理的有效性与长期性。

（二）现实意义

党建引领学生社区网格化治理的有效性，除了需要叩问党建引领与社区自治的内在关联，还需剖析党建引领对发挥学生社区自治的外在功用。对于党建引领的现实意义的分析，将从另一层面印证其存在的必要性与合理性。

第一，提升治理能力。基层党建网格化实践，应充分利用大学生党员的先锋带头作用，将由学生推选出来的大学生党员投入为学生服务的实践活动中，真正实现"从群众中来到群众中去"[①]。大学生党员不仅仅会在网格中扮演"宣传员"与"信息员"的角色，也将成为学校在每个基层网格中最勤劳的"处理员"。每位大学生党员在网格中也将切实处理好学生的问题，能够在基层网格解决的问题就在基层解决，真正做到"人在格上，事在格中"。

第二，助力疫情防控。基层党建网格化实践活动，着眼于学生社区网格化，根据宿舍区分布及楼栋位置等因素，将学校划分为多个红色网格，每个网格均有学生党员入驻，党员同学将配合学校疫情防控要求，以网格为单位收集每位学

[①] 储建军，姜晓琳，许宝华，等. 强化党建引领　推进基层治理［J］. 前线，2020（7）：81-85.

生的健康状况，并在各个红色网格之间建立一个完整的联系网，使整个学校形成一个完整的"红色联盟片区"，实现网格间信息共享，共同听从学校的统一指挥，在校园疫情防控中实现协同合作。伴随着红色网格的高效运转，疫情防控工作将更加有效。

第三，夯实育人成效。以疫情防控为契机，着力提升党建引领学生社区治理的能力和水平，党员在其中充分发挥模范带头作用，积极投身疫情防控的教育实践。在疫情防控常态化背景下，充分关注广大学生的思想动态，在学生社区自治中夯实立德树人的实效。

三、党建引领学生社区网格化治理的原则要求与实施路径

（一）原则要求

第一，以党建引领为基本遵循，助力学生社区红色网格化治理。党的十九大重新确立了党的建设总要求，其中党的政治建设是最重要的，是统领、是核心。2020年8月17日，习近平总书记在致全国青联十三届全委会和全国学联二十七大的贺信中，勉励广大青年坚定跟党走，奋进新时代，为党和国家事业发展作出新的更大的贡献。广大青年学生是民族的希望、国家的未来，必须在学生社区治理中坚持党的领导、发挥党员作用。

第二，以疫情防控为现实背景，寻求学生社区常态化自治路径。有效应对常态化疫情防控是当今学生工作的重难点，学生社区治理的重中之重也应为常态化疫情防控和危机处置[1]。应借助学生自治的有效力量做好疫情防控常态化工作，这既是疫情防控群防群控的现实需要，也是提高疫情防控实效的必然选择。

第三，以社区治理为切入视角，构筑共建共治共享的治理格局。社区治理既是疫情防控背景下建设平安校园的重要抓手，也是后疫情时代提高高校学生社区治理能力和治理水平的重要启示。学生社区治理的关键在于厘清学校、自治组织、学生三者之间的关系。党建引领在其中发挥着双重作用：一是学校通过党建引领思想建设，提振学生自治组织的政治站位、思想水平、行动能力；二是自治组织通过党建引领实践活动的切实开展，提升学生的认同感、参与感、共享感，变消极服从为主动参与。

（二）实施路径

首先，党建引领组织建设，破解学生社区治理"人"的难题。通过党建引领，充分发挥基层学生党员的先锋模范作用，形成学生社区自治的中坚力量。同时，依托疫情防控常态化

---

[1] 樊鹏. 从战疫看我国社区治理创新[J]. 前线，2020（12）：99-101.

的大背景，学生党员发展、培养的"火线"实践，引领更多发展对象、入党积极分子、入党申请人积极主动融入并参与到学生社区治理中去，形成防控合力。

其次，党建引领思想教育，引导学生社区治理同向偕行。学生社区治理的第二大难题在于思想组织涣散、缺乏集体意识。新冠肺炎疫情防控，是对治理体系和治理能力的一次大考，这对于党的建设来说，既是一种机遇，也是一种挑战。以党建引领有效应对常态化疫情防控，并以这一生动实践作为党的宣传教育的丰富内容，无疑是辩证统一的。

最后，党建引领共治共享，勠力提升学生社区自治能力。当前学生自我管理、自我服务的意识薄弱、能力不强，不仅制约着学校学生工作的有序健康发展，也不利于学生未来的成长成才。以党建引领为契机，让党建贴合基层学生学习生活，引导广大学生亲党、爱党、跟党走，形成全员共治共享的良好氛围。同时，在此过程中，有利于锻造一批有治理能力的优秀党员和入党积极分子，为社会主义现代化建设培养更多栋梁之材。

四、结论

学生社区网格化管理是常态化疫情防控背景下，充分发挥学生社区自治优势，实现高校学生社区治理体系与治理能力现代化的坚实保证。然而，疫情防控的常态性、艰巨性使得高校的行政化管理面临前所未有的冲击与挑战，也考验着学生网格化社区人力运作的持久性与有效性。党建引领能够在其中充分发挥其引领价值,通过党建发展一批优秀党员骨干力量、利用党建设置一套党员下沉服务机制、依托党建形成党团联动服务学生的带动效应,从而使得党建在学生社区网格化治理中注入奋进的热血、希望的活水。党建引领学生社区治理也是高等教育一个重要阵地,要更为注重党建引领在学生治理中的教育意义,紧紧围绕培养德智体美劳全面发展的社会主义建设者和接班人的育人目标,以树德、增智、强体、育美为形式发挥党的建设的引领效用。

队伍建设篇

新时代高校辅导员思想引领力提升研究[①]

赵 晓

（新闻与文化传播学院）

习近平总书记在纪念五四运动100周年大会上的讲话中指出，青年是整个社会力量中最积极、最有生气的力量，国家的希望在青年，民族的未来在青年。"今天高校学生的人生黄金期，同'两个一百年'奋斗目标的实现完全吻合"，要激励学生"勇做走在时代前列的奋进者、开拓者"[②]，这充分体现了以习近平同志为核心的党中央对新时代大学生寄予的厚望。青年大学生是祖国的未来、民族的希望，是实现中华民族伟大复兴中国梦征程中的中坚力量，他们正处于人生

---

① 本文系2020年度中央高校基本科研业务费（三全育人）项目（编号2722020SQY06）研究成果。

② 习近平. 习近平首次点评"95后"大学生[N]. 人民日报，2017-01-03（02）.

"黄金期"、铸造"政治人"的关键时期，需要有正确的方向指引、强大的动力支撑、不竭的力量源泉。

高校辅导员是开展大学生思想政治教育的骨干力量，是高校日常思想政治教育和管理工作的组织者、实施者、指导者。《普通高等学校辅导员队伍建设规定》（教育部令第43号）中明确将"思想理论教育和价值引领"定为辅导员的首要职责。辅导员作为"思想政治工作的主攻手""学生成长的主心骨"，守护着学生的人生航向，肩负着引导学生"成为又红又专、德才兼备、全面发展的中国特色社会主义合格建设者和可靠接班人"的重要使命和光荣任务。同时，《普通高等学校辅导员队伍建设规定》第七条还明确将"教育引导能力""开展思想理论教育和价值引领工作的能力"作为辅导员基本条件。可以说，思想引领既是高校辅导员的中心工作，又是辅导员的核心能力。

因此，提升辅导员思想引领力，不仅是提升高校思想政治工作质量、增强思想政治工作针对性和实效性的重要手段，更是高校辅导员队伍建设的应有之义。

一、高校辅导员思想引领力的范畴分析

（一）概念界定

真正认识客观事物的特性和本质联系，首先要掌握其基本概念的科学内涵。只有对概念有了清晰的理解，"才可能清楚

而顺利地研究问题",只有界定事物的概念,才能"透彻地理解它们内在规律和相互关系"[①]。要深入了解高校辅导员思想引领力的科学内涵,对其基本概念的界定是基础与前提。

马克思主义哲学认为,思想是社会历史的产物。在阶级社会里,思想具有鲜明的阶级属性,它受相应社会物质生活条件制约,并随着生产力和物质生活的改变而变化。它不是客观存在的,是人们对客观事物的主观认识,因此存在正确与谬误、先进与滞后、科学与伪科学等区别。

引领在现代汉语中有领导、引导之义。因此,引领力又被称为领导力。自引领力(领导力)进入学者们的视域以来,对其概念和内涵的研究可谓卷帙浩繁,大体来说,领导力内涵发生了三次转向。在工业革命之前,领导力主要集中在具有领导权力的角色和职位上,人们通常认为领导者是天生的,这些人拥有某些与生俱来的特征和能力,这些"异于常人"的特质和能力使他们更容易获得领导权和领导职位。工业革命以来,研究者们开始重视领导者和追随者之间的互动关系。领导力学者约瑟夫·罗斯特将这一转变称为"从工业到后工业领导观的转变",并强调要高度关注领导力定义的范式转变。后工业时代的领导力研究更侧重于多维度、协作性和过程导向的领导力,它不再与职位有关,而更多是一种"关系取向"。

---

① [德]克劳塞维茨. 战争论(第一卷)[M]. 中国人民解放军军事科学院, 译. 北京:解放军出版社, 2005: 97.

高校辅导员思想引领力即高校辅导员在思想政治工作的各种情境中，能以符合其专业标准之态度观点、价值观和行为引导他人共同达到育人目标的过程中表现出来的引导能力和效力。

（二）基本维度

高校辅导员思想引领力是基于辅导员实际岗位职责和工作需求而言的，它具体展现在辅导员工作的实际情境中，必须将其置于高校思想政治工作体系中加以分析。就辅导员的工作情境而言，可以从纵向、横向两个维度去加以考察。纵向上看，涉及辅导员与学生、辅导员与学校两对关系范畴；横向上看，涉及专职辅导员与兼职辅导员、个体与组织（辅导员队伍）两对关系范畴。因此，从维度方向上分析，辅导员思想引领力具体体现在以下四个主要方面。

第一，思想导向力。导向，就是引导前进的方向，而思想导向就是以科学的理论为指引，通过具体的方法和途径引领思想发展的方向。高校辅导员在思想引领方面承担着"传道"与"解惑"的重任。辅导员思想导向力，主要体现为辅导员自觉用党的创新理论指导、教育学生，引导学生以无产阶级的世界观认识世界和改造世界，抵御错误思想影响渗透的能力。

第二，信息反馈力。在高校思想政治工作中，身为骨干力量的辅导员始终身处一线，他们是离学生最近的"知心人"，能够及时掌握学生思想行为的新特点、了解学生思想状况的新动向。他们不仅要成为日常思想政治教育的实施者、学校各项政策的执行者，更要成为日常思想政治教育的组织者、学生管理的指导者。发挥辅导员动态信息反馈力，可以有效发挥资政育人的作用，对学校教育目标的实现和教育改革产生积极影响。

第三，凝聚整合力。目前，高校辅导员队伍构成呈现多样化的趋势，有专职辅导员、兼职辅导员、班主任，有园区辅导员、宿舍辅导员、学业辅导员，有博士辅导员、硕士辅导员，还有"1+3"或"2+3"辅导员……越来越多的力量充实到思想政治工作队伍中来，与此同时也会带来更多新的情况、新的问题。在多样化队伍中如何突出专职辅导员的作用和地位，在精细化分工的同时如何凸显思想引领的重要性，这对辅导员特别是中高级辅导员的整合力提出了更高的要求。这就需要发挥辅导员特别是骨干辅导员的领头雁作用，将观念认识统一到思想政治引领上来，在工作交往互动中不断增强向心力和凝聚力，激励辅导员在育人实践中发挥引领力和影响力，形成思想引领合力。

第四，组织推动力。专业化是当前辅导员队伍建设的愿景目标。所谓专业化，不仅是有专设的岗位、专职的人员和专门的工作，更需要的是培养专业能力和专业团队。要提升辅导员队伍的专业能力，每个个体都应具有和担负起提升个人能力的意愿与责任，并且主动参与队伍建设和团队运作。集体成员共同努力，才能形成自觉自主的向心力，提升组织效能。只有持续地提升辅导员的专业素养，才能形成强大的组织推动力。

(三) 基本特征

高校辅导员思想引领力本质上来说是一种合力，是辅导员专业能力的核心部分和具体展现，它的形成和效用发挥始终具有其自身的特点。简要来说，高校辅导员思想引领力具有如下三个特征。

第一，政治性。在高校，辅导员最早被称为"政治指导员""政治辅导员"。随着时代发展和高等教育改革的推进，高校辅导员的角色定位和工作职责也有了新的变化和新的内容。但作为中国社会主义大学制度中的特色，其"思想政治领路人"这一角色始终没有改变。高校辅导员引导学生不断坚定中国特色社会主义道路自信、理论自信、制度自信、文化自信，牢固树立正确的世界观、人生观、价值观，培养社会主义建设者和接班人，这始终是高校辅导员的首要职责和重要使命。故而高校辅导员思想引领力始终具有鲜明的政治性。

第二，习得性。辅导员的思想引领力不是自然而然获得的，担任辅导员并不能自动形成思想引领力。它是在具体的事件中获得的，是需要有意识地培养和培育的。一方面，辅导员需要主动地学习党的理论、思想和纲领，不断加强思想理论修养，用科学的理论武装自己的头脑，以先进的、科学的思想去提升开展思想政治工作的能力；另一方面，辅导员还需要能够将科学的理论与实际工作结合起来，有意识地、积极地在工作中去宣传党的理论、思想和纲领，去主动回应、积极引导大学生，帮助他们解决思想上的热点和难点问题，不断改进和提升开展思想政治工作的能力，坚持不懈地教育、说服和影响工作对象，不断地获得自己的思想引领力。

第三，动态性。引领是一个影响团体活动迈向目标达成的过程，它本身就是一个动态的过程。思想引领力是不断在具体实践中获得的，它具有动态变化的特征。一方面，随着时代的变化，思想也在不断地发生变化，马克思主义理论在与中国特色社会主义实践结合的过程中不断地发展完善，习近平新时代中国特色社会主义思想就是马克思主义中国化的最新成果，因此我们也需要不断与时俱进，主动学习保持和提升思想引领力；另一方面，当前高校辅导员在工作中面临社会环境的变化、工作对象的变化，同时还面临学生思想政治状况的动态变化，因而在思想引领工作中会遇到许多新的形势和新的问题，这就需要不断因时而进、因事而化、因势而新。

二、高校辅导员思想引领工作的现实境遇

新时代是高等教育快速变革的时代，高校辅导员常年工作在思想政治工作一线，是思想引领最有效、有力的直接触发者。然而出于各种原因，当前高校辅导员思想引领工作存在对学生教育引领力度不够、自身专业能力不足等各种问题。

（一）学生对思想引领提出更高需求

当前大学生来源多元、需求多样，而高校不仅要引导学生打下扎实的专业基础、成为专门人才，更要引导青年学生立大志、明大德、成大才、担大任，努力成为堪当民族复兴重任的时代新人。在这个过程中，高校辅导员扮演极重要的引领角色，学生的成长需要辅导员的引领，辅导员要能够帮助学生解决思想上的难点、疑点和热点问题。然而面对新形势、新目标、新对象、新要求，辅导员因主客观原因，存在思想引领工作亲和力不足、针对性不强、覆盖面、连接点有盲区，网络育人方法、方式缺乏创新，思想引领工作精准化、精细化程度不高等情况。从学校2020年暑假返校思想动态调查数据分析结果来看，我校本科生普遍认为对自己思想和言行成长影响最大的人（第一位）按照百分比排列前三名依次为"同学、室友等同辈群体"（48.04%）、"辅导员"（14.45%）、"专业课教师"（10.93%）；学生们认为辅导员迫切需要提升的工作能力的前三位排名依次为思想理论教育与价值引领、党团和班级建设、学风建设；46.57%的学生认为辅导员需要提升的工作能力中，排在第一位的是思想理论教育和价值引领。

（二）辅导员核心专业能力有待进一步提升

在对辅导员思想引领工作具体开展情况的调查中发现，仅24.77%的学生表示辅导员会经常跟学生讨论一些国内外大事、政治热点等话题，36.98%的学生表示会经常接受辅导员对社会热点以及政治问题的看法，60.86%的学生表示与辅导员意见不合时，能够毫无困难地向老师表达自己的观点和想法。从上述调查结果来看，日常工作中辅导员开展思想引领工作明显不足，且效果一般，作为"距离"学生最近的人，很少与学生探讨思想政治问题。当然在实际工作中，部分辅导员带班人数超过200人，甚至超过300人，不少辅导员常额外承担学院工会工作、党政办部分工作、其他专项工作等任务，这些情况易使辅导员疲于应对繁重的日常琐碎事务，专心用于思想引领的精力有限。另外，部分辅导员掌握学生思想行为特点及思想政治状况不够，无法有针对性地开展教育引导；部分辅导员专业背景匹配度不高，对于马克思主义理论和思想政治教育专业知识掌握有限，对于一些问题不敢讲、不能讲，对于学生的思想困惑讲不深、讲不透；绝大多数辅导员都是"出校门""进校门"，专业、系统、持续的培训支持不够，开展思想引领的工作方法有待更新升级。高校辅导员是一个育人的工作，必须不断提升专业技能与态度修养，以专业价值导向不断提升专业引领力，才足以应对未来思想政治工作中不断出现的新情况和新问题。

（三）辅导员队伍专业化支持不够

在当前高等教育快速变革的时期，各高校都严格控制人员编制。面对人员需求大而岗位编制不足的情况，采用各种兼职辅导员、公寓辅导员以及"1+3"或"2+3"辅导员的形式充实队伍，使得队伍愈加年轻化，队伍整体职业化专业化不足；另外，在辅导员招录时也存在专业匹配度不高，学科结构有待进一步优化等问题，不少人员在从事辅导员工作之前应具备的相关学科背景和宽口径知识储备尚有不足，知识能力有待提升；再者，辅导员队伍流动性大，取得高级专业职称的辅导员或专家级辅导员稀缺，系统性、长期性培训培养体系尚未构建，未能实现"经验性"向"专业化""科学性"转变，导致发展后劲、发展动力不足。最后，高校专业教师就业门槛高，存在将辅导员职业作为"跳板"的情况，长期从事思想政治教育工作的辅导员比例不高，优秀辅导员流动性大，尚未形成"橄榄型"辅导员队伍结构，限制了专业组织潜能的发挥。

三、提升高校辅导员思想引领力的路径建构

立足中国共产党百年华诞的重大时刻和"两个一百年"历史交汇的关键节点，不论是引领青年学子形成科学的世界观、人生观、价值观，树立坚定的理想信念，还是引导青年学子将个人的人生理想和中华民族的伟大复兴重任结合起来，高校辅导员都将发挥不可替代的重要作用。需要以推动高等教育事业发展的视野高度重视辅导员队伍，从优化队伍整体结构的角度打造辅导员队伍，用提升工作总体水平的力度培育辅导员队伍，积极提升高校辅导员思想引领力。

（一）聚焦提升思想引领的理论根基

为实现思想引领的职责目标，不断提升辅导员思想引领力，需要从内驱力和外助力两个方面入手，以思想理论水平为根基不断提升辅导员的专业能力。要通过理论讲堂、专题辅导、形势报告等多种方式组织辅导员系统学习习近平新时代中国特色社会主义思想，培育和践行社会主义核心价值观，提高辅导员队伍马克思主义理论素养，切实提高辅导员思想理论教育和价值引领的本领，让辅导员有底气直面学生成长成才中的困惑。针对思想引领需要，分层次、分类型、分模块组织学习培训，一方面加强对各类辅导员培训质量的监控，确保辅导员学习质量，客观有效评估受训辅导员学习效果和提高情况，引导辅导员修炼"内功"，练就过硬本领，提高职业素养，真正在理论上、实践上、专业上"有几把刷子"；另一方面贴近个人需求谋划培训，坚持"干什么学什么、缺什么学什么"，围绕最想学到的知识、最想破解的难题、最想掌握的技能，个性化地开展围绕理论知识、岗位基础、工作实务、经验实践的培训，激发辅导员内在学习动力，使其从自发到自觉，牢固树立终身学习理念，凝练主攻方向，逐步实现"一专多能"发展，让辅导员们有能力主动作为，开展思想引领。同时要建立师生互动的机制，在日常思想政治教育中通过主题班会、理论宣讲等途径，让辅导员持续开展思想引领成为一种正向引导的重要指标，引导辅导员们将工作重点和研究重心放在思想引领上,多创设环境让辅导员有渠道开展学生思想教育引导活动。

(二)聚焦提升思想引领力的组织推动

当前我校辅导员队伍整体较为年轻,学历水平高、学科背景广泛,但从事辅导员工作相关的基础理论较为薄弱,开展思想政治教育学习和研究困难重重。另外,虽然按照中央和教育部相关文件精神,辅导员培训机会较以往大大增多,但系统的辅导员培训制度和培训课程体系尚未形成,培训覆盖范围及深度有限,缺乏完整、系统的培养机制和提升措施。加之辅导员事务性工作繁重,虽参加培训学习态度积极,但是自主学习时间及动力不足。研究和实践表明,团队合作学习具有惊人的能量,互相分享能让教师专业发展更为顺利,教师在专业团队中学习也能事半功倍。建立辅导员工作室、辅导员专业团队等专业学习社群,可以通过建立专业平台,有效集中资源,提供专业对谈机会,从"单兵作战"到"多兵种联合",极大增加了经验交流与统一协调的机会。这一方面可以充分发挥资深、骨干辅导员的领头雁优势,使其发挥示范引领作用,凝练可示范、可复制的育人成果和工作模式;另一方面为辅导员学习与交流提供了更大的空间,可以通过协同学习、辅导观察与回馈、同侪省思对话、案例分析、主题经验分享、专题讲座、行动研究等多维度方式组建网络及实体研学实践平台,实现在集体中学、在学中做、从做中学,利用专业组织推动力集中有效提升能力。

（三）聚焦提升思想引领的环境塑造

辅导员发展离不开学校的发展与支持，良好的制度环境、政策环境、组织环境等有利于激励辅导员进一步锚定优势领域，不断提升思想引领力。要加强组织领导，通过优化顶层设计统筹"大思政"格局，自上而下深化认识，从宏观层面加强统筹协调，确保辅导员聚焦主责主业，加强思想引领。同时要不断健全制度保障，对现有制度进行调研、梳理、分析，保留和完善合理因素，改进不合理的内容，更加凸显思想引领的价值纬度，并定期更新相关制度内容，使其更符合时代特征、思政工作规律，贴近学生成长、辅导员专业发展需要。通过推动课程思政形成协同效应。进一步创设机会，让更多的辅导员有机会走上讲台。整合校内外课程资源和教师资源，发掘辅导员专业背景和学科多样化优势，为辅导员提供更多机会和专业指导，为辅导员配备成长导师，推动思想政治工作的纵向贯通和横向联通，让师生"思想碰撞"成为一种时尚和惯例。

高校辅导员运用大数据的思考[①]

穆 帆

（金融学院）

党的十八届五中全会提出实施国家大数据战略，此后"十三五"规划进一步要求将大数据作为基础性战略资源，全面实施促进大数据发展行动，助力产业转型升级和社会治理创新。2018年5月26日，习近平总书记在致中国国际大数据产业博览会的贺信中指出，中国高度重视大数据发展。我们秉持创新、协调、绿色、开放、共享的发展理念，围绕建设网络强国、数字中国、智慧社会，全面实施国家大数据战略，助力中国经济从高速增长转向高质量发展。进入大数据时代，高校思想政治教育的教育主体、客体、介体、环境都发生了变化，不仅仅是环境场域和技术形态的变化，还包括理念、

---

① 本文系中南财经政法大学2019年度中央高校基本科研业务费（三全育人）重点项目"'三全育人'院系微观实践路径研究"（项目批准号2722019SQZ03）的阶段性成果。

目标、任务、方式方法、评价标准的变化。习近平总书记在全国高校思想政治工作会议上指出，做好高校思想政治工作，要因事而化、因时而进、因势而新。要运用新媒体新技术使工作活起来，推动思想政治工作传统优势同信息技术高度融合，增强时代感和吸引力。作为思想政治教育工作者，在大数据时代，高校辅导员创新运用大数据这一新技术开展工作迫在眉睫。

一、运用大数据开展辅导员工作的优势

大数据技术的快速发展使得一切皆可数据化，一切皆可量化。运用大数据开展工作要求高校辅导员树立数据资源意识，增长数据分析知识，提升数据应用能力，进而改变思想政治教育工作理念、方式方法。大数据的运用将助力思想政治教育信息化，增强个性化，促进共享性，实现高校辅导员工作减负、提质、增效。

（一）减负：助力信息化，减轻负担

大数据的发展促进高校辅导员工作思维的转变和技术手段的提升，使辅导员更加注重对计算机、多媒体、网络通信等现代信息技术的应用，丰富思想政治教育资源，优化思想政治教育过程，促进思想政治教育传统优势与现代技术深度融合，助力思想政治教育信息化。运用大数据开展工作与传统工作模式相比有着明显的优势。一是信息传递快，工作效

率高。现代信息技术的应用实现了师生之间的即时通信，师生交往更频繁，信息传递更及时。相较以往定期集中宣讲、通知事情，极大地摆脱了时间、空间的限制，使得思想变化、思想动态信息的捕获，思想动态信息的分析、处理与思想政治教育几乎同步进行，实现快速通知、快速反馈、快速上报，上传下达高效。二是信息质量高，重复劳动少。在大数据背景下，信息资源可以近乎全保真地传递。可形成教师共建优秀教学资源，与学生共享的局面。同时，处理新需求时直接在既有资源的基础上迭代更新即可，减少重复劳动。对于教育管理，一对多与一对一数字化的通知确保了信息的无差别精准传递，相关信息可供后续反复下载利用并且质量不受时间影响。三是信息成本低，资源建设佳。相较于传统以纸质为主的信息记录、传递、存储方式，以数据为支撑的电子信息资源不再依靠纸质打印，学生的各项材料均发送上交电子版即可，并且方便汇总、修改错误、备份、分享等，不需要花费人力物力打印、递送等，更不会受到地域空间限制，远程教育的实现降低了教育的成本，慕课等各类网络课程资源帮助人们实现了"大学梦"和"继续教育梦"，教育资源建设依托既有成果不断完善、不断扩充、不断丰富。四是信息交互强，互动效果好。面对纷繁复杂的信息统计工作，只需要发布一个链接，后台自动统计汇总，老师根据需要选择性地导出所需信息即可。大数据助力思想政治教育的信息化，促进事务管理智能化，减轻师生的负担，改变了传统单向沟通方式，使师生交互增强。

（二）提质：增强个性化，提高质量

一是资源日益丰富，使得受教育个体的差异性需要得到满足。在大数据时代，网上有丰富的资源供我们选择和利用。一方面，教师可以为学生选择优质的网络教学资源，还可以创造性地将其"碎片化"，为不同的学生提供不同的学习内容。另一方面，以需求为导向，基于大学生的发展和社交需求，遵循社会育人、环境育人原则，充分利用网络资源进一步完善各种学习资源库，为学生自主学习提供多元化、个性化的学习资源。在思想政治教育全过程发挥出大数据可量化、预测、存储、连接、可视化的功能和超大规模性、精准性的价值，为满足个体的差异性需要提供理论知识基础和现代技术支持。二是环境日益优化，使得受教育个体的个性化发展得到促进。在大数据思维的影响下，教育的本质回归到促进学习者个体的发展，教育模式从传统课堂的集体教学向数字化个性教育发展。大数据的应用将由传统单一的结果式评价转变为多方面、多领域的过程性评价，将由以往定性评价转变为定量定性相结合的评价，将改变以往"唯成绩论""批量培养"的局面，优化成长发展途径，因材施教，促进学生的个性全面发展，提升学生人才培养质量。三是技术日益智能，使得受教育个体的主体性作用得到尊重。辅导员在工作中有意识地收集汇总并应用教务系统、校园一卡通、学生工作系统、图书馆系统等平台的学生教育大数据,可以了解每一名学生的学习兴趣、学习时间、思维方式、学习习惯、学习伙伴等个性化的特征和需求。每一个受教育的个体都可以通过信息的形式实现自我构建,每一个个体的行为轨迹本身就是一个庞大的数据资源库。高校辅导员可以运用大数据的技术、设备、平台了解学生的学习生活状况,通过对学生本身及其学习状况数据的收集、分析,使客观数据变成有价值的学生信息。

(三)增效:促进共享性,增强实效

一是数字化的教育平台连接了教育数据资源孤岛。随着我国教育信息化的建设,高校"数字校园"建设卓有成效。许多高校成立信管部,依托大数据,通过数据整合和应用集成,围绕"智慧校园"建设,研发出基于统一标准,各类数据充分共享和流通的统一数字平台和各类学生教育管理系统。每个人都在产生数据,每个人也都需要使用数据。依托数字化的平台,优质资源得以广泛分享与传播,各部门的学生教育大数据不再只局限于本部门。在统一的数据标准下,多部门共同补充完善,共建共享,极大地增强了工作实效。二是碎片化的教育资源丰富了思想政治教育内容。个人习惯的不同使得每个人对数字化平台使用的时间也不一样,导致了学习时间碎片化;个性化的信息需求使得信息资源分布在不同平台、不同内容、不同领域,导致了资源的碎片化。数据的真实价值就像是漂浮在海洋中的冰山,第一眼只能看到冰山

的一角，而绝大部分则隐藏在表面之下。传统的数学抽样分析被颠覆，样本即为总体，因此，碎片化资源的价值得以体现，很多现在和以前看似无用的数据是非常有价值的，将会被再次利用。三是多形式的传播方式拓展了思想政治教育渠道。思想政治教育大众化传播话语体系得到极大的丰富，"流量经济"下产生的"短平快"的知识摄取方式使得诸如微视频、微漫画、微课程、表情包等多种形式的内容通过一张图、一张表、一段话等多种形式得以广泛传播。辅导员通过对集体教育、榜样典型、朋辈帮扶、经验分享等思想政治教育传统优势的总结、梳理，极大地丰富了整个思想政治教育资源。教育资源的共享使得大学生思想政治教育受学校、院系、思想政治教育工作者本身的限制越来越小。共享资源使得人人都能享有优质的资源，打破不均衡的局限，同时也促进了教育公平。

二、高校辅导员运用大数据遭遇的瓶颈

当下，大数据已经融入社会的各个领域。社会的方方面面都在数据化，加之"新千年"一代大学生学习移动化、碎片化的特点，高校辅导员在传统思维与工作方式上增加大数据的思维与工作方式是大势所趋，但仍存在诸多瓶颈。

（一）认知不足：大数据思维意识薄弱

受年龄、专业背景、定势思维影响，高校辅导员队伍整

体上对大数据认知不足，大数据思维意识薄弱。当前高校辅导员队伍并非以思想政治教育专业背景人员为主，而是包罗万象，各种学科背景都有，不同学科背景培养出来的辅导员的思维方式也不同。有经验的辅导员，有的面临转岗，有的则已经形成了固定的个人风格，思维僵化，接受新鲜事物的能力较差。初级辅导员工作时间短，精力基本都用在学习并熟悉事务管理上，大数据这一新兴的时代产物并未能得到其足够的重视和应用。此外，对高校辅导员应运用大数据创新开展工作的认知不足还体现在其他方面。一是数据资源意识不足。从职能部门到辅导员本身都专注于具体事务性工作的处理，局限于单一的部门和工作，未能从整体的角度和大局角度收集数据、挖掘大数据的价值。学校或者院系不重视学生信息资源库建设，各个部门都在下发通知要辅导员统计学生的相关信息，导致重复劳动，效率低下。事实上，具有大数据思维的辅导员可以建立年级学生信息库，根据不同的需求，分类导出即可。二是技术意识薄弱。信息化办公室专门的技术人才懂得数据规范，懂得数据处理，知道数据价值，但并未参与学生思想政治教育，一线的辅导员迫切需要利用大数据的技术手段提升思想政治教育科学化水平却又苦于缺乏专业的知识。三是辅导员出现本领恐慌，对不断迭代的大数据技术充满了恐惧。作为思想政治教育工作对象的学生对最新的信息技术的学习和掌握已经超过了思想政治教育工作者，学生都在运用了，辅导员也不得不用，但是这种技术倒逼不可避免地导致辅导员素养提升的效果大打折扣，从而出现了"能回避就回避，能不用就不用，象征性地用一用"等现象。

（二）利用不足：大数据分析知识匮乏

一是知识融合难。一方面，大数据技术涉及教育、数据挖掘、人工智能、数学建模等许多知识，单一的思想政治教育学科很难与其融合，在大数据与思想政治教育之间寻求一个既能将大数据的思维和技术引入辅导员思想政治教育工作的过程又能使辅导员接受并主动应用大数据技术的结合点很难。另一方面，对数据进行分析的知识不足，面对客观存在的规模庞大的数据，未经系统学习培训的辅导员常常不知所措，生出无力感，他们不具备分析数据获取信息的知识。尤其是文科或者艺术专业毕业的辅导员，面对纷繁复杂的学生行为数据，分析数据并挖掘出有价值的信息是很困难的。他们只是将工作开展过程中已有的数据系统、工作平台用于简单的事务工作处理，很少依托信息化工作平台所产生、记录的学生信息进行因果分析，并进一步挖掘育人过程的各个影响因素。二是实际应用缺乏。一方面，没有经过数据标准化建设的高校，招生、就业、后勤、教务以及学工等部门的数据因为标准不统一，还不能完全实现互通共享，一线工作的辅导员既无法获得学生的其他数据，也很难获得其他学生的数据，这严重阻碍了辅导员研究运用大数据提升思想政治工作的水平。另一方面，社会生活中的大数据产品，其用户良好的体验性，各类APP个性化的内容推荐，背后带来的是更大的利润，资本的注入使得大数据在社会领域得到更广泛的运用和发展。对于高校而言，师生需求是大数据发展运用的主要驱动，相比于大数据在社会其他领域的广泛利用，高校对大数据的利用还很欠缺。

（三）发展不足：大数据运用技术滞后

一是大数据的理论与实践脱节。大数据技术的专业性、复杂性导致在思想政治教育过程中，大数据理论与大数据使用步调不一致。当前思想政治教育领域的研究大都停留在对大数据思想政治教育的理论研究上，很多高校都从学校层面将大数据作为工具，从理念和实践上探讨大数据在学生教育管理中的应用，诸如学生异常行为预警、精准资助等，但实践中真正在用的却很少。理论上，学生的大数据包括学生在学校的思想、学习、行为等全过程的数据。例如，依托校园一卡通和学校食堂、图书馆、寝室门禁等刷卡记录和校园监控就可以掌握学生在校的活动轨迹，甚至可以匹配出学生的校园伙伴；依托覆盖全校的无线校园网和网络日志等可以掌握学生网络社交、游戏时长、网络消费等信息。然而，在实际应用中，硬件设施不完善、数据不规范、技术不成熟、成本太高等因素导致大数据运用滞后，发展不足。二是大数据的分析与使用脱节。大数据专业技术人员懂得如何分析、处理数据，但是没有问题意识，不知道辅导员想要挖掘什么信息，也不知道其期望的数据分析结果的呈现形式；而高校辅导员又缺乏数据分析、处理的知识和技术，无法从数据中挖掘出自己想要的信息。此外，高校的大数据运用智能化程度不高。大数据的分析本可以依托建好的分析模型、设定的算法等并自动以表格、图片等形式予以呈现，使用者只需要运用系统分析出的结果解决实际问题即可，然而，当前高校的许多信息系统只具备基本的数据收集，简单的分类、汇总、流程审批等功能，不具备较为复杂的关联分析、聚类分析以及报表生成、行为画像等功能。

三、高校辅导员运用大数据的瓶颈突破

大数据时代潮流不可阻挡，高校辅导员创新地运用大数据开展工作对提升大数据思想政治教育的有效性，助力教育现代化有着巨大的价值。面对当前发展过程中的诸多问题，要抓住机遇，应对挑战，立足当下，突破瓶颈。

（一）思维转向：形成大数据思维方式

思想是行为的先导，人的实践活动不同于动物的本能活动，人的实践受意识所支配。在当前大数据技术的制约情况下，高校辅导员应当着力培养大数据思维方式。一是培养对数据的敏感性。重视学生教育大数据本身，在育人环节中，由小数据时代追求结果式评价、定性评价转变为大数据时代追求

过程性评价、定量定性结合的评价，由关注"为什么"转向"是什么"。二是培养整体性思维。大数据的数据不再是样本数据而是全量数据，因此要从以往局部、片面看问题的方式转向从整体上看问题，直观、全面、立体、系统地认识学生的总体状况。整体性理念与马克思主义哲学要求全面、整体地看问题的理念相契合，符合辩证分析问题和解决问题的方法。三是培养相关性思维。在大数据的背景下，相关关系大放异彩，通过相关关系，我们可以更容易、更快捷、更清楚地分析事物，转变以往建立假设—实验验证—得出结论的传统分析模式。在大数据时代，建立在人的偏见基础上的关联物检测法不再适用，在海量的全数据样本下，思维应转向探求"是什么"而不是"为什么"。在日常工作中，应有意识地淡化因果关系转而分析其相关关系，通过事物之间的"相关关系"找到客观规律。具体到大学生思政工作，就是分析大学生言语和行为的海量数据，及时发现现象之间的相关性，找到"相关关系"的规律进而准确预判学生的动态。四是树立数据安全意识。数据本身是客观的，但是数据背后学生的个人隐私需要得到保护。在运用大数据的过程中，核心和关键是人而不是大数据，目的在于探究学生的行为而非挖掘学生的隐私。在数据的收集、存储、分析、应用的各个环节提高数据安全意识，不侵犯、不泄露学生的个人隐私。

（二）学科融合：熟悉大数据知识体系

拓展丰富辅导员大数据应用的相关知识。就高校及相关职能部门而言，要加强顶层设计，除了寻求校外专业技术公司开发操作简便、具备简单多样的算法的大数据系统，还应该构建自己的技术平台，招聘一批大数据技术相关专业的毕业生加入辅导员队伍，为辅导员提供学习交流平台，通过专门培训、科研立项、学生工作精品项目、辅导员沙龙等，促进学科融合，培养辅导员队伍中的大数据知识技术骨干。将大数据同教育学、心理学、传播学和信息技术学等结合在一起进行深入探讨，拓展大数据的研究和应用领域，深度挖掘大数据潜在价值。整体提升辅导员队伍大数据知识水平，形成大数据＋思想政治教育的浓厚氛围。就辅导员自身而言，学科融合不是要求辅导员成为技术人员、开发人员，而是根据自身学科背景、工作院系背景，结合辅导员工作实际，学会运用多学科知识解决问题，能够理解大数据的基本逻辑，准确地向技术人员提出大数据系统研发、数据分析的需求，能将客观的数据结果对应思想政治教育工作实际的各个环节和育人因素，能够对学生的各类行为数据进行综合挖掘、综合判断，在学生心理帮扶、精准资助、学业预警、评优评先过程中发挥作用。注重思想政治教育传统的教育内容、教育形式与大数据手段的深度融合，促进传统优势完成现代转化。如利用VR开展浸入式主题教育，提升思想政治教育内容的吸引力，增强学生对德育知识的感知。

（三）以用促活：避免大数据技术至上

实践决定认识，认识对实践又有反作用。辅导员在思想政治教育工作过程中对大数据的实际应用非常欠缺。全面的数据是大数据的基础，分析并预测是大数据的核心，无论是数据还是分析预测都离不开运用。辅导员必须树立大数据的应用意识，先依托已有平台，进行数据整合，跳出技术困境，避免技术至上。数据本身是客观的，过去的数据反映过去的思想行为动态和成长行为轨迹，但是大学生思想政治教育工作并不能止于认识过去，而是要充分利用大数据，对大学生未来的思想、行为进行预判和掌控，未雨绸缪地采取具有针对性和预防性的措施。变被动为主动，利用大数据技术，对大学生学习生活数据进行跟踪、收集、处理和分析，就可以对他们的思想和行为进行准确预测，进而采取下一步的行动。大数据本身的多样性、教育内容多样化、思政话语多样化、传播多样化等促使思想政治教育的对象形成了多样化的需要、多样化的发展和多样化的成长路径，因此要从多样化的视角，匹配多样化的评价。要结合现有条件、结合工作需要、强调学科融合，先用起来，再总结提高，逐步丰富。辅导员个人应该先做大数据的"小"应用，先用大数据的思维意识，结合一线工作实践，推动学校大数据的"大"应用，进而达到以用促大、以用促活的目的。只有实际应用才能发现问题，才能推动问题的解决,打破技术枷锁,不断推动技术的进步。

高校辅导员作为思想政治教育工作者,归根到底还是做人的工作,最终落脚于立德树人,促进人的全面发展。面对大数据带来的机遇和挑战,高校辅导员没有选择,唯有适应新形势,抓住机遇,应对挑战,提升大数据素养,助力思想政治教育工作水平提升。

参考文献

[1] 刘献君. 个性化教育的十个观念 [J]. 高等教育研究, 2018, 39(9): 1-7.

[2] 逄索, 魏星. 大数据在高校思想政治教育工作中的运用 [J]. 思想理论教育, 2015(6): 72-75.

[3] [英] 维克托·迈尔-舍恩伯格, 肯尼斯·库克耶. 大数据时代 [M]. 盛杨燕, 周涛, 译. 杭州: 浙江人民出版社, 2013.

新时代高校辅导员素质能力提升研究

李 鑫

（法学院）

一、提升高校辅导员素质能力的重要意义

在建设社会主义现代化国家的时代背景下，高校辅导员需要努力承担起自己的责任，提高自身的素质能力水平，为中国培养出社会主义合格建设者和可靠接班人。提升高校辅导员素质能力，从学生层面、辅导员自身层面、高校层面而言，都有着必要性和重要性。

（一）提升高校辅导员素质能力是确保学生成长成才的需要

高校辅导员可谓学生成长成才的人生导师和生活中的知心朋友。可以说，辅导员的综合素质影响着学生的成长。如

果辅导员自身认识浅薄、创新能力不强、工作实操能力较差，就会影响自身工作水平，而辅导员的工作与大学生息息相关，辅导员的一言一行都在无形中影响着学生。学为人师，行为世范，高校辅导员提升综合素质能力，有助于为大学生树立模范榜样，有利于培养有理想、有道德、有文化、有纪律的四有青年，是确保大学生成长成才的需要。

（二）提升高校辅导员素质能力是辅导员自我完善的需要

想要教育学生一定要先严格要求自己，辅导员也是大学教师，教师的职业性质要求自身不断学习，不断反思，不断自我提高。高校辅导员需要不断顺应时代的发展，掌握各种应对新情况的处理方法。高校辅导员提高综合素质的一个主要途径就是要增强自身的学习能力，因此辅导员要不断提高对自我的要求。

（三）提升高校辅导员素质能力是落实高校立德树人任务的需要

党的十八大报告第一次将"立德树人"作为教育的根本任务，而立德树人要求高校辅导员立学德，立师德，培养德智体美劳全面发展的社会主义事业接班人。高校辅导员承担着培养学生思想道德素养的责任，是大学生思想政治教育队伍的主要力量，要加强对大学生的思想政治教育引领，不仅要关注学生学术水平的提升，更需要培养他们的爱国之心、报国之情、强国之志。因此提升高校辅导员素质能力有助于落实高校立德树人的教育任务。

二、高校辅导员素质能力现状

目前，高校辅导员综合素质水平整体不断提升，但是仍然存在政治素养不够高、业务能力不够精、专业培训不够全等情况。这足以说明当前高校辅导员团队的综合素质能力还存在问题，有待提升。

（一）政治素养不够高

随着全球化的进一步发展，各种西方文化和思潮不断冲击着中国，部分辅导员思想不够坚定，政治信仰模糊，无法承担起思想政治教育的责任。某大学的辅导员在微博上就曾发表不正确的言论，多次转发涉港涉日的错误言论，这让网友极其愤怒。这些辅导员明明是大学里的知识分子，担负着思想政治教育的重担，但是其自身的政治素质却十分低下，也就难以培养出社会主义事业的可靠接班人。

（二）业务能力不够精

从辅导员的九大工作职责可以看出辅导员这份工作需要综合素质高的人担任，辅导员需要具备管理、教育、口头表达、创新、组织与协调等业务能力才能完成自己的本职工作，如果想要工作做得出彩，那么这些业务能力就需要更加突出。同时，高校辅导员的科研能力还有待加强，当前更多辅导员只是从事事务性工作，在学生眼中更像班主任，辅导员的学术能力并没有得到学生的认可，部分辅导员也不注重提升自己的专业能力，甚至个别人出现学术不端等行为，造成不良影响。

（三）专业培训不够全

辅导员因其工作性质需要具备比较专业的相关知识，包含心理教育、就业培训、新媒体操作技术等，他们必须具备宽口径的知识储备。这些专业技能都需要进行专业的培训来提高，但是日常工作中辅导员大部分时间都花在了事务性的工作上面，难以抽出整块的时间进行系统化、专业化的学习。在新时代的背景下，辅导员不断增强专业培训，加强自身学习能力是十分必要的。

三、提升高校辅导员素质能力的路径

（一）构建高校辅导员素质能力培养机制

为了提升辅导员素质能力，有效推进辅导员队伍的发展，高校应该建设相关长效机制。第一，学校应该完善高校辅导员的准入门槛机制。学校要优化招聘管理机制，在招聘辅导员时除了要综合考虑学历背景、专业能力外，政治素养、品德修养、身心健康等都应纳入招聘标准中，应当综合考量高校辅导员的综合素质水平，确保招录进来的青年辅导员都是有扎实学识、有高尚道德情操、有坚定理想信念的优秀教师。

第二，高校应该建立辅导员综合素质考评长效机制。辅导员招录进来之后，并不代表其已经胜任工作，就没有继续提升综合素质的需要了。学校应当根据教育法规，结合自身实际情况，建立辅导员综合素质考评体系，不断改革考核激励方法，将高校辅导员的综合素质能力纳入年终考核内容。具体可以从教师互评、学生评价的层面对辅导员综合素质的表现进行评比打分，使得高校辅导员能够严格要求自己，不断完善自己。第三，建立高校辅导员激励机制。当前高校辅导员的晋升相对比较困难，事业成就感不强，很容易导致辅导员对待工作的懈怠。将晋升前景与综合素质、业绩等紧密挂钩，才能引起大家的重视。对于综合素质优秀的辅导员，可以适当在绩效考评时增加分数，以资鼓励。而对于那些综合素质能力较弱的辅导员，可以增加培训，并且给予减分的惩罚。

（二）加强高校辅导员教育和自我教育

对于刚刚入职的辅导员，高校需要加强对他们的岗前培训并形成常态化的培训机制，让辅导员通过系统地学习心理学、教育学、就业指导课程、沟通与谈话技巧、公文写作等课程不断提高自身对职业的胜任力，也让高校辅导员能够从课程中学好理论知识再运用到工作实践中去。同时，高校还可以通过辅导员沙龙、辅导员素质提升讲座以及导师制度来不断提升高校辅导员的综合素质。除此之外，辅导员还要学会自我学习，自我提升。博学是辅导员提升综合素质的基础，辅导员不能只学习专业领域的内容，更要博览群书，提高自己。慎思是辅导员提升综合素质的有效途径，"吾日三省吾身"，只有不断反思自己在目前工作中的表现，不断找到自身还存在的问题并加以改正，才能不断提升综合素质能力。从高校辅导员素质能力大赛设置的内容如谈心谈话、案例分析、理论宣讲中可以看出，辅导员是一份实践性很强的职业，在面对学生的时候，需要具备很好的人际沟通和表达能力，也要具备较高的政治素养。因此高校辅导员需要学会自我教育，这样才能不断完善自我。

（三）营造尊重与认同辅导员工作的文化氛围

高校加强营造尊重与认同辅导员职业的文化氛围，会增强辅导员团体对工作的责任感和对事业的荣誉感。微博上有个热门话题"某大学招聘辅导员，多名博士毕业生应聘"，下面的评论大多认为这是大材小用，认为辅导员岗位不重要，足见当前社会对辅导员这份职业的认同度很低。社会的评价也会打击辅导员对待工作的激情和热情，使其很难产生职业成就感，容易产生职业倦怠。辅导员是一份有情怀、有温度的职业，高校不仅需要营造尊重认同辅导员工作的校园文化氛围，还要引导辅导员增强自身对这份职业的认同和热爱，形成一支稳定专业的团队。可以通过开展各类辅导员技能大赛，在全校全面展示优秀辅导员的风采；让辅导员站上讲台，让他们有机会和学生在课堂上互动、交流思想，不要让学生认为辅导员就是管理琐事、处理寝室纠纷的管理员；在宣读辅导员誓词等有仪式感的活动中增强辅导员自身对职业的认同，使其能够在平凡的岗位上获得成就感。

四、结语

高校辅导员是大学生的知心朋友，更是大学生的人生导师，肩负着重大的责任。辅导员的综合素质水平影响着学生的素质能力水平，因此高校要紧抓辅导员素质提升工作，建立相关的长效机制，营造良好的校园氛围，解决阻碍目前高校辅导员素质能力提升的主客观问题，让高校辅导员成为一支专业、稳定、综合素质高的队伍。

参考文献

［1］彭庆红，崔晓丹．深刻理解与认识新时代［J］．思想教育研究，2017（12）：3-7.

［2］陶佳．新时期高校专职辅导员综合素质研究［D］．合肥：安徽农业大学，2010.

［3］王德华，陈妮娜．关于新时期高校辅导员专业化素质的调查分析［J］．高校辅导员，2011（3）：69-76.

［4］李军，刘佳龙．基于CPM模型的高校辅导员核心素质培训课程开发［J］．乐山师范学院学报，2011，26（11）：126-128.

［5］陈立永．高校辅导员队伍专业化的标准体系构建［J］．

江苏高教，2008（2）：149-150．

［6］周立新．素质重构：高校辅导员队伍建设的核心［J］．扬州大学学报（高教研究版），2007（1）：70-72．

［7］魏金明．情感、理性、法则：新时代高校辅导员素质能力提升的三维向度［J］．高校辅导员学刊，2019，11（6）：20-24．

［8］欧阳煜．新时期高校辅导员队伍建设的现状及对策［J］．国际公关，2019（7）：184．

［9］向伟．新时代高校辅导员素质及提升策略研究［D］．长沙：湖南师范大学，2020．

［10］靳玉军．高校辅导员素质开发研究［D］．重庆：西南大学，2008．

新时代高校辅导员的职业认同和价值实现

孙林红

（新闻与文化传播学院）

辅导员作为高校教师的一部分，承担着思想政治教育和学生日常管理的重要责任，高校辅导员的职业认同和价值实现不仅关系到其自身的工作投入度和幸福感，还会对高校的培养成效、大学生的健康成长产生直接影响。在新时代背景下，当代青年大学生展现出新的思维方式和行为特征，党中央也提出了要建设高质量的教育体系、提升高校思想政治工作质量等新要求。一方面，为应对上述新的机遇和挑战，近年来高校辅导员队伍的职业化、专业化建设不断推进，各地各高校辅导员队伍的年龄结构、学历结构、知识结构不断优化，我国辅导员队伍逐渐呈现出年轻化、名校化、高学历的新趋势。另一方面，高素质人才对职业认同、发展前景和价值实现的需求也更高，面对日常较为琐碎的辅导员工作，更易产生心理落差和职业倦怠，不利于充分激发其内生动力、提升工作成效。如何提升高校辅导员的职业认同、促进其价值实现，是关系到高校辅导员队伍高质量建设和可持续发展的重要问题。

一、新时代高校辅导员的职业要求和发展前景特征

新时代背景下，高校的教育管理服务呈现了新的特征和要求，高校思想政治工作的重要地位日益凸显，成为我国高校的特色和优势所在，辅导员作为高校思想政治工作和教育管理的排头兵，其面临的职业要求和发展前景也迎来了新的挑战和机遇。

（一）顶层关注增加

习近平总书记十分关注高校教育和思想政治工作，多次发表相关讲话，党中央、国务院和相关部委印发《关于加强和改进新形势下高校思想政治工作的意见》《关于加快构建高校思想政治工作体系的意见》《高校思想政治工作质量提升工程实施纲要》等系列指导性文件，要求将思想政治工作贯穿高校教育管理服务全过程，坚持"全员、全过程、全方位"育人的体制机制，落实立德树人根本任务，对包括辅导员队伍在内的高校思想政治工作队伍建设也做出了新的部署。辅导员的能力如何，关系到学生思想政治教育各项任务的落实、

高校人才培养的质量、党的教育方针的全面贯彻。

（二）队伍建设加强

高校辅导员队伍建设不断加强，呈现出年龄结构、学历结构和知识结构持续优化的良好趋势。教育部发布《高等学校辅导员职业能力标准（暂行）》《普通高等学校辅导员队伍建设规定》（教育部令第43号），进一步明确了高校辅导员的能力要求、工作职责和职业发展方向，从政治素养、学历要求、知识储备、工作能力、道德品质五个方面提出了辅导员应具备的基本条件。在工作职责方面，辅导员应履行思想理论教育、学生日常事务管理等九大职责内容，并持续进行专业学习和科学研究。在职业发展方面，明确了辅导员职务职级"双线"晋升途径，在技术职务（职称）评聘中单列计划、单设标准、单独评审。较高的职业要求和利好的发展前景推动了高校辅导员人才队伍的优化。

以湖北省高校为例，笔者查阅了湖北省36所公办本科高校2020年招聘辅导员的要求，发现：在学历方面，所有高校均要求研究生以上学历，部分高校还要求博士学位，例如武汉大学明确提出"学生辅导员一般应具有研究生学历并获得博士学位，或少量获得硕士学位且表现特别优秀"，从招聘结果来看，大量清华大学、北京大学等名校毕业生进入高校辅导员队伍。各高校对辅导员年龄也有严格限制，绝大多数要求博士不超过35周岁，硕士不超过30周岁。各高校均要求报考者具备党员身份和主要学生干部经历，具有党务和学生日常事务管理的相关经验和宽知识口径，并通过笔试、面试的多轮考察，保证候选人熟悉政策理论、具备协调沟通和危机应对等综合能力。由此可见，我国高校辅导员队伍建设正不断优化向好。

（三）工作内容拓展

在新时代背景下，物质基础和信息技术的快速发展以及生产关系和生产方式的创新变革，使得新一代青年学生思想行为产生了新的特征，高校辅导员的工作内容也有了新的拓展。除了传统的党团和班级建设、学风建设外，辅导员在心理健康教育与咨询、网络思想政治教育、职业规划与就业创业指导方面的职能作用日益凸显，思想理论教育和价值引领、校园危机方面也出现新的问题领域。

例如，在当下网络新媒体快速发展、观念文化多元并存的背景下，当代大学生深度融入甚至依赖网络平台，他们的思想观念和行为模式也呈现出新的时代特征：一方面，多元便捷的网络环境扩大了他们的眼界，激发了他们的创造力，匿名开放的新媒体为他们提供了表达自我的平台，当代大学生思维及表达更加活跃多元，在自我表达和个性展示上的需求和能力更强。但另一方面，开放包容的网络氛围使得他们自我意识大大增强，网络常见的"圈层文化"会形成信息和情感上的"茧房"，使得他们容易被偏激言论煽动诱导；高度活跃的网络生活背后也可能存在着截然相反的现实性格行为特征,例如不善交际、主动沟通意愿低、理性认知和情感体验不匹配等特征,"宅文化""低头族""键盘侠"等现象盛行,部分学生在现实生活中甚至出现过于孤僻、自我、冷漠、偏激等心理问题。网络空间越来越成为高校思政教育工作的重要阵地,心理健康教育与咨询的作用也不断提升。此外,高速的信息传播和丰富的交流渠道也更有利于就业创业信息的获取,不断涌现的新兴产业和就业方式拓宽了大学生就业创业途径,加之瞬息万变的市场环境和日益激烈的就业竞争等,使得辅导员在职业规划与就业创业指导方面的工作也出现了新的挑战。

二、高校辅导员职业认同和价值实现的影响因素

人力资源管理理论认为,工作中人员的激励来源于多个方面,并存在不同层次,满足人更高层级的需求能使其获得更大的激励。马斯洛需求层次理论将人的需求由低到高划分为生理需求、安全需求、社交需求、尊重需求、自我实现需求五个层次,人们在满足较低的生理需求、安全需求、社交需求后,将追求自身在不同情境下有实力、能胜任、有信心而获得尊重的需求,以及实现个人理想抱负的自我实现需求。赫茨伯格提出的双因素理论认为影响员工满意度的因素分为"激励因素"和"保健因素"两类,工作单位的政策与管理、监督、工资、同事关系和工作条件等保健因素只能消除人员的

不满情绪，维持其原有的工作效率，但不能激励人们更积极的行为；真正能对人员产生激励的是工作本身的挑战性及其带来的成就感、责任感、良好的发展前景等[①]。高校辅导员作为一份稳定的、社会地位较高的职业，能满足人较低层次的需求，属于保健因素，尤其是在当下辅导员队伍不断优化，名校化、高学历人才集聚的情况下，提升高校辅导员职业认同应着眼于其工作胜任力和价值实现度。

辅导员作为学生工作的一线工作者，是国家、学校各项方针政策和教育理念落实的最后一环，加之新时代背景下要面对大学生新的思想特点与成长规律，在日常工作中往往会遇到各种个性化问题，例如较大的工作压力、烦琐的日常事务、各种突发事件，即便是高素质的青年辅导员，也时常会出现陷于处理学生日常琐事的情况，身心俱疲但收效甚微。根据已有研究显示，当下我国辅导员的职业认同并不高[②]。这些问题本质上还是由辅导员角色认知不清、工作能力欠缺、职业发展迷茫等导致的职业认同度不高、价值实现路径不畅带来的负面影响。

[①] 赫茨伯格，等. 赫茨伯格的双因素理论（修订版）[M]. 张湛，译. 北京：中国人民大学出版社，2016：117-120.

[②] 郑育琛. 高校辅导员职业认同与路径选择的质性研究[J]. 思想理论教育，2016（11）：106-110.

（一）角色定位不清

虽然教育部颁布的《普通高等学校辅导员队伍建设规定》中具体列出了辅导员的九项主要工作职责，将"思想政治教育"作为辅导员的核心首要工作职责，明确了辅导员的角色定位和职责要求，但在实际工作中，思想政治教育工作的边界和开展方式并不明确，辅导员直面的更多是学生的各项日常事务。尤其是当代大学生大量表现出生活中依赖思想严重而思想上又有较强自我见解的现象，导致辅导员往往陷于对琐碎事务的处理而对核心职责认知不清，将自己定位于帮助学生解决日常琐事的"保姆式""妈妈式"角色，在大量事务性工作中逐渐消磨了工作热情，失去职业认同。

例如，在一次省级辅导员培训交流会中，辅导员 A 指出："感觉自己的工作越来越像一位保姆，面对的是永远长不大的孩子，经常被学生和家长打电话要求帮忙取快递、找失物，学校和领导也要求我们以生为本，关爱学生，应当尽量满足学生的要求，还要接送发热生病学生……这些琐碎的事情几乎占据了我所有的工作时间，做的都是没什么意义的事情。"辅导员 B 指出："当初来面试辅导员这一岗位，期待的是做一位能立德树人、投身教育的教育工作者，没想到现实工作中面临的更多是处理学生的日常琐事，且我一个人带着几百个学生，事情确实很多。"

学生对辅导员的认知端也有类似反映。有调查研究指出，学生对辅导员的认知,更多是事务性工作的处理者,而在人文关怀、学业与职业生涯指导、心理咨询等方面效果较差[①]。辅导员 C 也表示,曾在班会上询问学生"你认为辅导员是什么样的角色",大部分学生的回答为"妈妈""生活老师"等事务处理型的角色。

(二)工作能力欠缺

由于国家和社会对高校思政教育和高素质辅导员队伍建设的日益重视,新任辅导员往往都是经过严格的条件要求和考核考察筛选出来的高学历、强能力人才,但这并不意味着他们能很好地适应当下的工作要求,还可能在这种琐碎工作面前表现出更强烈的落差感和不适应现象。

辅导员处在学生工作的一线阵地,是落实学校各项培养目标和具体要求的最后一环,确实需要多方面的能力储备,除了思政工作、学生日常管理,还要负责党团和班级建设、学风建设、心理健康教育、网络思政、危机应对、理论研究等多项事务和专业领域,需要沟通交往、组织协调、应急应变等多种能力。而当下的新任辅导员虽在求职时面临了更高的职业门槛,但仍会受限于所学专业以及相关工作经验不足等因素,难以在刚入职时做到得心应手,容易产生消极应对

---

① 丁艳艳.高校大学生对辅导员的职业认同现状研究[J].科技经济导刊,2020(15):98-99,94.

等负面情绪。

（三）职业发展迷茫

虽然辅导员实行学校和院（系）双重管理，可以在专业技术职务（职称）和管理岗位级别上实现双重晋升，但也意味着双重压力，目前在教师序列坚持专业技术职称晋升的辅导员仍为少数，大量辅导员在本岗位工作一段时间后就转向了行政序列。或是出现另一种现象，部分人将辅导员岗位作为进入专任教师岗位的跳板，也不能全身心投入辅导员工作之中，这导致辅导员队伍整体流动性加大，长年深耕于辅导员岗位的人员并不占据主导地位，辅导员的职业化道路还存在挑战，将辅导员工作作为终身事业而奋斗的良性氛围还未大规模形成。

三、促进辅导员职业认同和价值实现的路径探索

当下，党和国家日益重视高校思想政治工作和辅导员队伍建设发展，出台了一系列指导性、纲领性文件。随着顶层设计的不断完善，各地各高校培养和扶持辅导员的措施也逐步落实优化。整体来说，高校辅导员正处于成长发展的利好环境中，辅导员们应当抓住时代机遇，通过强化学习实践、合理规划职业生涯、提升职业境界不断提升职业认同、促进自我价值实现。

（一）加强理论学习和实践探索，树立正确的职业角色认知

正确的角色认知应当包括辅导员岗位的核心任务、意义价值两个方面，具体可以从理论学习和实践探索两个方面展开。

第一，从国家政策导向、社会主流价值中确立自己的价值认同。当下，高校的思想政治教育被摆在重要位置，习近平总书记曾指出"培养什么人、怎样培养人、为谁培养人"是教育的根本问题，高校应培养新时代中国特色社会主义的合格建设者和可靠接班人。国家强调思想政治教育的重要性并提出了明确要求，而辅导员正是落实这一要求的骨干力量。高校辅导员制度的形成、发展和完善是由我国高校本质属性决定的，并已成为中国特色高等教育制度的一个重要特色，辅导员应当认识到这一岗位的重要价值意义。同时，也要求辅导员要时刻与党和国家的战略、方针、政策保持一致，时刻关注和学习最新的理论知识，提升政治素养，既要从党的理论和国家政策中汲取精神养分，确立自己的价值认同，也要用相关理论知识武装头脑和指导实践工作。当辅导员将本职工作和主流价值联系在一起时，他们就会获得强烈的自我认同。

第二，要在实践中不断明晰核心工作职责。虽然"思想政治教育"这一概念较为宏观，现实中也避免不了学生日常事务的处理，但辅导员应当在工作中不断思考核心工作所在，将日常事务处理与思想政治教育结合起来，而非陷身于琐碎事务中，例如，引导学生养成自立、自信、自强的品格，多

尝试自己解决问题，辅导员只提供方法和路径指导而非包办一切；培养学生的爱国、感恩等情怀，鼓励他们做好相关活动筹备和组织工作等。辅导员应当用思想政治教育的力量去引导学生处理日常事务，在减轻自身工作负担的同时，强化对学生的教育引导，并在实践中不断调整优化教育方式，做到核心工作职责突出、融合纳入其他事务，以优化工作实践方式，提升职业认同。

（二）建立长期事业规划，不断提升专业能力

不断提升专业能力是做好工作、保持信心、持续进步的不竭动力。辅导员工作对辅导员本身提出了较高的能力要求，但各项能力的提升并不是一蹴而就的，需要将其作为长期发展的事业，建立不同阶段的学习和发展规划。

当下国家正大力提倡辅导员队伍的职业化、专业化建设，为辅导员学习成长、创业干事出台了大量利好政策，提供了平台和资源。青年辅导员们应当抓住各种学习和培训机会，既要有针对性地在不同阶段、不同节点学习专项知识和技能，在短期内建立起自己的工作特长，树立信心；同时也要注重提升综合素养，广泛学习《普通高等学校辅导员队伍建设规定》提出的九大职能对应的多项事务和专业领域，并不断提升自己沟通交往、组织协调、应急应变等多种能力，在专业能力提升的过程中获得成就感和职业认同感，并在技能和理论水平的提升中不断提高认知、获得认同。

此外，学习应当是持续的，辅导员工作的特殊性还在于，永远面对的是一届又一届的青年学生，他们的知识体系、话语、观念都是不断变化的，辅导员也应该做到与时俱进、保持终身学习，以学生喜闻乐见的方式去做学生工作。这样既能拉近与学生的距离，便于工作顺利开展、收获工作成效，还能在自己的持续进步中获得成就感。

（三）提升职业境界，将辅导员工作作为终身事业而奋斗

思政工作者的职业境界涵盖其政治信仰、思想认知、审美层次、理想信念等[①]。无论是工作能力的提升、工作成效的显现，还是价值认同的确立，都需要坚持不懈的努力和时间的酝酿打磨，这需要辅导员真正沉下心来，全身心投入这份事业，将其作为终身事业而不断奋斗。高校辅导员应当通过持续的学习成长和实践摸索，更加深刻地理解教育的本质。辅导员的工作不仅是处理日常琐事，思想政治教育也不是简单死板的说教，高校辅导员工作不仅是解决困难和传承知识，更是思想的碰撞、信念的扶持，更进一步说，优秀的辅导员工作是可以通过春风化雨、润物无声的日常规范和思想引领来促进人的全面发展乃至国家富强、社会进步。当辅导员真

---

① 张喆. 试论提升思想政治理论课教师的教育境界［J］. 思想理论教育导刊，2015（7）：141-143.

正将这一工作作为人生事业，把人生价值与工作内容重合起来时，他们会自发地投入更多思考和情感，激发更多的创造力，推动工作方式创新、提升教育质量，真正成为学生的"知心朋友"和"人生导师"，获得自身价值和高质量教育成果的双重收获。

守初心、担使命、勇担当
——争做新时代"四有"好导员

尤志兵

(中韩新媒体学院)

习近平总书记在全国高校思想政治工作会议上强调,高校思想政治工作关系到培养什么样的人、如何培养人以及为谁培养人这个根本问题。要坚持把立德树人作为中心环节,把思想政治教育工作贯彻到教育教学全过程。高校辅导员在大学生思想政治教育和价值引领中发挥重要作用,是培养学生德智体美劳全面发展的中坚力量,肩负着为党育人、为国育才的重要使命。要时刻牢记立德树人初心、勇担人才培养使命,做好思想政治教育工作的"排头兵"。进入新时代,"00后"成为高校学生的主力军,他们有独特的思维方式和不同的成长环境,这对思想政治教育工作提出了许多新命题和新挑战。高校辅导员如何更好地围绕学生、关注学生和服务学生,守好思政"责任渠",种好思政"责任田",是值得深入思考的焦点问题。接下来，笔者结合习近平总书记提出的"四有好老师"标准，来探讨一下争做新时代"四有"好导员的实施途径。

一、对"四有好老师"的认识

百年大计，教育为本；教育大计，教师为本。好老师是一个国家、一个民族的希望，那么什么是好老师？习近平总书记曾指出，有理想信念、有道德情操、有扎实学识、有仁爱之心是好老师的四个标准。理想信念是育人源泉，是一名好老师的精神根基。教师们要坚定理想信念，补足精神之钙。首先要加强政治理论知识学习，学懂弄通悟透马列主义、毛泽东思想和习近平新时代中国特色社会主义思想等党的相关理论知识，在思想上和精神上接受洗礼，不断提升自身政治觉悟和政治素养；其次要认真贯彻和弘扬社会主义核心价值观，将个人小我融入国家大我，深入挖掘教育工作中的理想信念、爱国主义等育人元素。道德情操是育人修为，是一名好老师的内驱动力。要想成为一名好老师就要加强品德修养，注重道德实践，将优良的师德师风融于魂、铭于心、践于行，做到有纪律、讲品行、守规矩，成为一名职业型、专业型、专家型的人民教师。扎实学识是育人基础，是一名好老师的方向指引。要想成为一名优秀的人民教师，要有丰厚的理论基础，不仅要贯通专业知识，还要熟练掌握政治理论知识，深入挖掘课堂中的思政育人元素，种好课程中的"思政责任田"，以培养又红又专、德才兼备、全面发展的新时代有为青年。仁爱之心是育人港湾,是一名好老师的博爱情怀。教师的工作不仅仅是教书,更重要的是育人,这是教师爱的体现。教师只有走近学生、深入学生,才能真正理解学生、读懂学生,进而根据学生不同的思维方式和学习特点,开展有针对性的教学工作。做老师就是要拥有大爱、大德、大情怀,只有这样才能享受到"得天下英才而教育之"和"桃李满天下"的幸福感。

二、争做新时代"四有"好导员

(一)争做新时代有理想信念的辅导员

习近平总书记在全国教育大会上指出,教育工作要坚持"六个下功夫",其中第一个便是"要在坚定理想信念上下功夫"。理想信念是前进道路上的指路灯,是挫折徘徊时的垫脚石。作为一名辅导员,我们要坚定理想信念,认真学习马列主义、毛泽东思想和习近平新时代中国特色社会主义思想等相关理论知识,确立正确的理想目标和前进方向,带头践行社会主义核心价值观,让理想信念在思想政治教育工作中"开花结果"。面对新形势、新挑战,我们还要不断加强基本理论知识学习,学懂弄通悟透"四史"学习教育相关知识,通过读原著、悟原理,深耕思政教育元素,守好学生理想信念教育主阵地。让有信仰的人讲信仰,让教育者先受教育,只有这样我们才能真正做到理想信念教育在学生日常学习、生活中走深走实,引导广大学生树立四个意识、坚定四个自信,争做新时代有理想、有抱负、有担当、有作为的青年学子。

(二)争做新时代有道德情操的辅导员

习近平总书记在全国高校思想政治工作会议上强调,要加强师德师风建设,坚持教书和育人相统一,坚持言传和身教相统一,坚持学术自由和学术规范相统一,坚持潜心问道和关注社会相统一。师德师风是教师立身之本,是教育稳固之基。打铁还需自身硬,作为一名新时代的高校思想政治教育工作者,我们首先应该善于运用党的先进理论知识武装头脑,指导实践,认真学习习近平总书记关于教育的重要论述,入脑入心学,对标对表做,增进对中国特色社会主义的政治认同、思想认同和情感认同。其次要培育和践行社会主义核心价值观,将社会主义核心价值观融入教育教学全过程,踏踏实实修好品德,体现出榜样的力量。最后要积极参加志愿服务、社会实践等活动,在服务社会的过程中厚植道德情怀、培养高尚情操。辅导员作为工作在最前线的人员,大部分时间在和学生打交道,一言一行都有可能对学生产生深远影响。所以应该全面认识辅导员的"辅",深刻认识辅导员的"导",清晰认识辅导员的"员",做好学生成长成才路途上的组织者、引导者和激励者,争做新时代有道德、讲品行、懂规矩、守纪律的优秀辅导员。

（三）争做新时代有扎实学识的辅导员

《普通高等学校辅导员队伍建设规定》中提到"辅导员要具有本科及以上学历"，"具有从事思想政治教育工作相关学科的宽口径知识储备，掌握思想政治教育工作相关学科的基本原理和基础知识……"梦想从学习开始，事业靠本领成就。扎实的专业知识是辅导员开展思想政治教育与价值引领、党团班级建设、学生日常事务管理等工作的前提和基础。辅导员们应该利用好校内外各种沙龙、培训、调研和研讨等活动，丰富知识、增长见识。近年来，信息技术教育应用的不断深化对辅导员工作也提出了新的要求和挑战。辅导员除了掌握思想政治教育专业相关知识外，还应该勤于学习、勇于实践、恒于研究、善于反思，提升自身能力和素养，积极占领网络思想教育阵地，传播先进文化、弘扬主旋律。善于运用各类信息技术手段为学生提供教育、辅导和咨询等服务，善于运用微信、微博和QQ等新媒体平台掌握学生动态，敏锐地把握学生网络舆情信息，及时干预，及时处理。此外，辅导员们在掌握丰富知识的同时，更应该掌握传播知识的能力。正所谓"授人以鱼不如授人以渔"，辅导员应该扮演好指导者、引导者和激励者的角色，引导学生进行自我教育、自我管理、自我服务和自我监督，真正做到推动学生的全面发展。

(四)争做新时代有仁爱之心的辅导员

辅导员作为大学生思想政治教育的骨干力量,作为学生成长成才的人生导师和健康生活的知心朋友,无时无刻不在默默地向学生奉献着爱。这种爱是没有血缘关系的爱,是没有功利之心的爱,是大公无私的爱。也许有人会问:辅导员的爱到底体现在什么地方?有什么意义?我想,从日常辅导咨询服务,到学风建设、思想政治教育和校园危机事件处理等,辅导员要做到因事而化、因时而进、因势而新,处处皆有爱之流露。尤其是教育引导违纪学生、安抚帮助心理问题学生等方面,能真真切切地体现出辅导员关照学生、围绕学生、服务学生的价值和意义。正是辅导员们的爱心、细心和用心,让学生管理工作变得有温度,让思想政治教育及价值引领工作变得有深度。比如,疫情期间,"云网课""云会议""云指导""云毕业"等事情的背后,都是辅导员们的默默付出和无私奉献。手机24小时开机,365天"随时待命",皆是辅导员们爱的体现。因此,做一名有仁爱之心的辅导员,不仅是博爱情怀的展现,更是工作格局的提升。要做一名有温度的辅导员,将大爱、大德和大情怀向学生播撒。

三、新时代辅导员的使命和担当

(一)立德树人,回归教育本质

党的十八大以来,以习近平同志为核心的党中央高度重视教育工作，提出了一系列重要指示和论述，做出了一系列重大决策和部署。党的十九大报告中明确指出将立德树人作为教育的根本任务。习近平总书记在全国高校思想政治工作会议上再次强调，高校思想政治工作要坚持把立德树人作为中心环节，把思想政治工作贯穿教育教学全过程。这一系列重要讲话体现了我国教育方针、政策着力点的变化：回归教育本质，坚持立德树人。高校辅导员作为思想政治教育工作的主攻手，是实现立德树人根本任务的中坚力量。在实际工作过程中，每当谈到"立德树人"，头脑中立刻浮现的是爱国主义教育、理想信念教育、弘扬社会主义核心价值观等词条，让立德树人工作变得"套路化"。进入新的发展阶段，面对"00后"的大学生群体，如何把"立德树人"做细、做实，做出温度，做出深度，值得每位思政工作者深思和探讨。正如时代楷模曲建武老师所说："教授学生知识其实并不难，难的是让学生认同你的价值观。"因此，辅导员们要积极探索思想政治教育工作的新方式方法，走进学生心中，倾听学生心声，做到因材施教，加强理论联系实际，把"有意义"的事做得"有意思"，从入学教育开始，到毕业服务为止，在多元、多变的社会思潮中引领更多青年与党同心、与党同行，把立德树人工作的种子散播到学生大学四年的"田间地头"。

（二）求实创新，紧扣时代脉搏

《普通高等学校辅导员队伍建设规定》中明确提出辅导

员的九项工作职能，涵盖了学生在校生活的方方面面。但在实际工作中会发现，辅导员大部分时间都被事务性工作占据。因此，辅导员们要加强学习，勇于创新，提高工作能力，提升职业素养。首先，要善于总结归纳，凝练工作方法。将碎片化和常规化的工作进行梳理总结，理清工作头绪，形成系统化、规范化的工作模式，将复杂问题简单化，将琐碎问题流程化。其次，要加强自身学习，学会科学管理。目前许多辅导员并非思政或相关专业出身，仅凭一腔热血在开展思政工作。因此，一方面要加强相关知识的学习，在实践中明事理、悟道理；另一方面要结合自身专业特点，提炼思政育人元素，将其恰当地融入工作中，拓宽思政教育的广度，加深思政教育的深度。最后，要紧扣时代脉搏，拓展思政工作新途径。近年来，随着信息技术教育应用的不断深化，越来越多的新媒体、新技术融入教育教学领域。在传统思政教育的基础上，网络思想政治教育得到催生和发展。它突破传统思政教育的束缚，使辅导员们可以随时随地、借助各种媒体手段为学生提供指导、辅导、咨询等服务。除此之外，学生互动社区、QQ空间、微信朋友圈和视频号、主题教育网站、专业学习网站等平台的应用和普及，也使辅导员们可以更加方便地掌握学生思想动态，运用大学生喜欢的表达方式开展思想政治教育，真正做到了解学生、走近学生、倾听学生。

（三）以生为本，落实育人实效

学生是思想政治教育的主要对象，必须坚持以生为本。辅导员在开展工作过程中，要学会运用"春风化雨，润物无声"的方式方法来"滋润"学生。首先，辅导员要学会利用主题党日、班团会、主题教育和撰写网文等形式，开展政治理论教育、理想信念教育、爱国主义教育、生命安全教育、诚信品德教育……对学生进行一对多的"灌溉"，并针对较为普遍和集中的问题进行统一解答。其次，要重点抓好学业困难、家庭经济困难、就业困难、心理问题等四类特殊群体，建立院级学习发展中心、勤工助学中心、就业困难帮扶小组和心理工作站等，通过教师指导、朋辈引导等方式，为各类群体提供专业、周到的帮扶、支持和服务。最后，辅导员要引领学生干部、学生党员等骨干力量，走近学生、深入学生、以点带面，引导和鼓励学生进行自我教育、自我管理和自我服务，形成层级化的工作管理机制，扩大工作覆盖面，形成育人合力，以更好地指导学生、教育学生和服务学生。

本科生科研创新能力培养体系建设中"班导师+辅导员"协同育人机制研究[①]
——以中南财经政法大学工商管理学院为例

曾 洁

（工商管理学院）

创建国际一流高等学校，培养本科生科研创新能力是其中最重要的环节之一。目前，我国大多数高校在本科生科研创新能力提升上做了诸多尝试，其中课堂之外的支持主要来源于两方面，一是本科生导师制的设立，二是辅导员的引导和支持，两者从不同的角度为本科生科研能力的提升搭建相应的平台和组织架构，以满足学生发展的需要和学校全方位育人的需求，而且都发挥了非常重要的作用。那么，这两种支持分别是怎样发挥效力的？该采取怎样的策略，才能最大

---

① 本文系2020年中南财经政法大学基本科研业务费"三全育人"项目研究成果（项目编号：2722020SQY19）。

限度地产生协同影响效应，发挥"班导师+辅导员"1+1>2的作用？

一、本科生科研创新能力培养体系建设概述

高校学生科研创新能力，包含了"创新精神、创新能力、创新机制"三个重要方面。

第一，创新精神是培养创新能力的根本和灵魂。要想培养具备科研创新精神的人才，就必须有一个自由开放的环境，允许提出不同的意见和允许犯错，这样学生才能在宽松的环境中勇于探索，形成开拓精神，激发灵感。

第二，本科生科研创新能力，主要包括以下几个方面：本科生的再学习能力，即从课堂和其他研究活动中学习新知识、新技能的能力；分析判断和决策能力，即分析各类信息从而做出判断的能力；总结和归纳的能力，主要是指从研究中获得有效结论的能力；动手实践能力以及创新能力等。这些都要求本科生能够在现有学习和活动的基础上，产生原创性的成果并做出贡献，这个是当下高等教育改革与发展的必然要求。

第三，创新机制包含平台的建设、监督奖励机制、考核评价体系等各方面，这些制度的保障也是增强本科生科研创新能力的重要基础。在体系中，保障平台平稳运行和指导项目顺利实施的指导老师都各自发挥重要作用。

二、本科生导师制和辅导员制发展历程

导师制由来已久，它与"学分制""班建制"同为现代三大重要教育模式之一。据研究显示，在14世纪的牛津大学，就已经开始实施导师制。实施过程中，导师从学习和生活两方面对学生进行指导，导师与学生关系非常密切。在中国，导师制也越来越成为各高等院校推广和实行的重要教育教学管理制度。班导师针对不同专业的学生，进行个性化、差异性指导，从思想、学习和生活等各方面给予学生指导，专任教师参与到育人工作中，很好地贯彻了"三全育人"的教育理念，适应了高校人才培养的目标要求。

辅导员制度在中国已经有六十多年的历史，其主要任务和工作目标在我国经济社会和高等教育改革发展变迁下不断调整。20世纪50年代初期，国家要求在高校设立政治辅导员，此时辅导员的主要职责是思想政治工作，他们是学生思想和政治的"领路人"，这个时期辅导员培养学生科研创新精神的职能并没有得到充分体现。

《普通高等学校辅导员队伍建设规定》的修订版发布，要求辅导员除了是学生思想的"引路人"，为学生做好思想、心理调节工作，做好党团和班级建设外，还要促进学风建设，"指导学生开展课外科技学术实践活动，营造浓厚学习氛围"，这些都是辅导员做好协同育人、培养学生科研创新精神方面的重要基础职能。

三、班导师和辅导员协同育人的现状、存在的问题和应对策略

（一）班导师和辅导员育人机制现状

在现行导师制模式下，主要是以学院为依托，以专业行政班为单位，从学院专任教师中聘请优秀的专业老师，从本科生一年级开始，负责学生的专业学习、学业规划、教育教学督导，负责解读学校人才培养方案和课程学习计划，帮助学生正确了解专业背景，尽早树立学业规划意识，尽快适应大学的学习环境，同时指导学生参加各类型学术研究、学科竞赛、实践实习、就业深造等活动，帮助学生取得良好成绩。导师制贴近学生，使得学生在课堂学习之外增加了与专业教师沟通交流的渠道，学生更易获得科研指导，这为学生个人科研能力的提升增加了一条重要路径。

辅导员在本科生科研创新能力培养体系中主要发挥的是教育引导和平台搭建的作用，主要提供的是组织支持，最重要的是科研平台的搭建。具体来说，就是本科生科研创新能力培养单位利用组织资源对本科生进行广泛性培养，包括开办学术讲座、组织各类型评比和竞赛、组织实践活动以及开展校外单位联合培养等形式。除此之外，学生心理素质的提升，也是学生科研素质能力提升的重要保障。

（二）在协同育人过程中存在的问题

班导师和辅导员在高校育人工作中各自发挥着重要作用，尤其是在提升学生科研能力方面两者各有优劣势。但是在当前的教育工作中，两支队伍却存在脱节和分离的问题，现有资源不能得到有效整合，阻碍了其在协同育人、学生科研创新能力提升工作中效能的发挥。

一方面，班导师是学院从教学单位中选拔出来的优秀教师代表，以科研能力强的中青年教师居多。青年教师与学生有着天然的亲近性，优秀的导师除了在学术上对学生具有较强的引导力外，更加能够从心理和人格层面来引导和影响学生，导师对学生施加影响力有着事半功倍的效果。此外，每位班导师所带学生数量不多，学生更容易加入年轻班导师的课题研究中，四年的指导更能够培养学生形成研究的思维和范式。但是，青年班导师初入职场，都会面临职称评定、科研立项、晋升等多重问题，这些问题会给他们带来巨大的压力，因而社会称其为"青椒"。"青椒"面对生存现实问题的时候，有可能存在自顾不暇的情况，此时如果没有相应成熟制度的约束和考核要求，班导师制可能会流于形式，因而部分班导师确实存在着"重教学，轻育人"的情况。班导师忙于教学和科研，将育人的职责完全寄托在辅导员身上，这种状况限制了导师制在高校育人工作中的优势作用。

另一方面，辅导员在高校育人工作中所发挥出来的优势和不足也非常明显。辅导员的工作职责要求其与学生朝夕相处、密切联系，因而辅导员对学生的生活和学习各方面的情况比较了解。在接触过程中，用心的辅导员更能够发现和挖掘学生的优势和成长空间，也能够更好地从心理层面支持学生的成长。但是目前辅导员在育人工作中普遍存在"心有余而力不足"的情况。教育部规定辅导员带班人数不能超过两百人，实际情况往往超过了这个规定人数。辅导员群体以年轻老师为主，他们承担着学生管理事务之外的诸多工作，工作自身和晋升的压力给辅导员的育人工作带来了很多困难。此外，辅导员自身的专业限制也为其在科研领域指导学生带来了诸多挑战，主要包括辅导员对所带学生专业的不认识不了解，以及辅导员自身科研能力的限制，还有就是辅导员对自身职责认识不够，这些成为高校科研创新人才培养的阻力。

（三）协同育人的机会与挑战

在高校育人工作中，"三全育人"是加强和改进高校思想政治工作的基本原则。"三全育人"即全员育人、全程育人、全方位育人，要求在高校中"形成教书育人、科研育人、实践育人、管理育人、服务育人、文化育人、组织育人长效机制"。这一基本原则决定了在高校育人工作中，各方力量必须形成合力，才能形成 1+1>2 的效应。

班导师和辅导员在高校本科学生协同育人工作中的合作维度是多样的。横向来看，辅导员在资源信息获得和平台建设中具备优势，可以在学院内设立学生学术科研中心等类似机构，为本科生搭建科研平台，配合班导师的深厚科研素养，为学生设计符合本学院、本专业特色的项目，此类平台可以在综合资源方面发挥重要作用。纵向来看，从大学生的新生入学适应性教育，到高年级的学业规划教育、教育教学督导，再到毕业年级的生涯规划教育，班导师和辅导员的协同教育机制可以贯穿四年，协同作用可以在日常管理和课堂教学中产生交叉影响。但是在具体实践中，双方角色定位、分工不清，职责混淆，还有管理制度不够完善，缺少量化考核指标体系，这些都是亟待改善和解决的问题。

（四）协同育人机制构建策略

1. 科学规范岗位职责

从以上研究分析和下图来看，班导师和辅导员在职能定位上有所区别，但工作内容也有多处重合之处。在提升学生科研创新能力方面，班导师和辅导员都能从入学教育、学业规划、生涯规划和心理辅导等处着手开展工作，引导规划、挖掘潜力，从学生个人能力素养提升到专业训练，两者各司其职又能通过一定渠道进行合作，达到1+1>2的效果（如图3所示）。

班导师　　辅导员

专业学习指导
课外实践、科研活动指导

思想引领
入学教育
学业规划
生涯规划
心理辅导

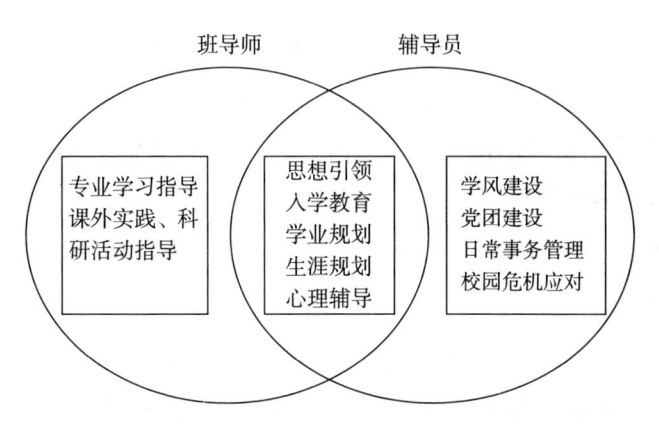

学风建设
党团建设
日常事务管理
校园危机应对

图3　班导师和辅导员的岗位职责

2. 建立双向沟通机制

"三全育人"是一个信息互通、通力合作的过程。在联合培养教育过程中，班导师和辅导员的双向及时沟通非常有必要。双方通过合适的沟通渠道，定期交换学生思想、心理、学业以及关注热点等各方面信息，及时交流与反馈，有助于挖掘学生发展潜力，推进思想政治教育工作开展和提升学生能力素质。高校还应将沟通要求纳入制度层面，建设线上信息沟通平台，制定合适的考核和奖励机制，提升沟通动力，增强沟通效果。

3. 搭建优质科研平台

中南财经政法大学工商管理学院在搭建学生科研平台，着力提升学生科研创新能力方面做了诸多尝试和创新。学院自2013年开始成立学生学术科研中心，自2017年开始实施"参与式讲座",还有各类研习社、第二课堂的创建,优质的科研平台和有效的激励机制对学生学术科研及创新能力提升起到了巨大的推动作用。2013年以来,工商管理学院本科生申报各级各类课题成功率增加50%以上,2017—2020年,学生各类参赛获奖数量超350项,发表论文逾250篇,数量和质量都居学校前列。

在平台建设中,平台的运行和日常管理离不开辅导员,而班导师作为专业导师,在设计符合人才培养需求的科研活动、帮助指导学生改进学术科研方法、总结推广优秀学生的学术科研经验、树立良好的学术科研风气方面作用巨大。二者在培养和树立学生学术科研骨干和创新典型中都能发挥作用,二者优势互补,合力作用明显。

总之,在"三全育人"视域下,班导师和辅导员通力合作形成合力,是高校教育教学管理以及高素质人才培养的必要条件。建立"班导师+辅导员"协同育人机制,搭建优质科研平台,加强信息互通,才能在提升本科生科研创新能力,培养具有开拓精神、探索精神及研究能力的高素质人才过程中发挥巨大作用。

参考文献

[1]张晓清,李秀晗.高校本科生"辅导员—导师制"模式探索研究[J].齐齐哈尔大学学报(哲学社会科学版),2015(8):11-13.

［2］颜雪艺. 高校辅导员与班导师协同育人探究［J］. 学校党建与思想教育，2019（20）：61-62.

［3］吴丽娟. 本科导师制实施情况的调查与分析［J］. 沈阳师范大学学报（自然科学版），2010（1）：123-125.

［4］陈进华，张晨. 建立多点支撑的本科生科研能力训练新格局［J］. 中国高等教育，2019（17）：54-56.

［5］匙芳廷，易发成，王烈林，等. 本科生导师制对大学生创新教育与实践能力培养研究［J］. 吉林省教育学院学报，2018（4）：130-132.

学生管理篇

大学生网络法治教育工作再思考

张 娇

（新闻与文化传播学院）

网络空间法治建设是我国当前法治化建设进程中的重要一环。公众的网络安全意识和法律意识，不仅彰显着国民的网络修养和文化素养，还在一定程度上影响着我国法治建设进程。当今的大学生作为信息爆炸时代的生力军，其思想触角通过各种媒介伸展到了社会的各个角落，大量的信息、丰富的资讯充斥着他们的生活，在网络上获取信息的同时，他们还建立了极具个性化的网络人际关系。虽然虚拟世界在一定程度上妨碍了同学之间的现实交流，但不可否认的是，学生也通过虚拟世界扩大了视野、丰富了知识。也正是由于网络人格的相对独立性和网络行为的相对自由性，网络成了一把双刃剑，让大学生在便捷冲浪的同时，也可能受到误导甚至伤害。可以说，网络在给大学生呈现一幅美好画面的同时，其背后也暗波涌动、暗礁密布。大学生没有足够的警惕心和较高的辨别是非能力，很容易在网络中迷失自我，陷入危机。对大学生开展网络法治教育，可以帮助其提高网络安全意识和法律意识，引导其合理利用网络资源，在高校营造守法、重法的绿色网络氛围，这将有利于筑牢高校网络安全防线，减少由于缺乏法律意识而造成的网络安全事件，实现高校网络管理法治化，从而促进学生全面发展，最终实现高校育人目标。

一、开展大学生网络法治教育工作的必要性

当前已进入疫情防控常态化阶段，为保证教学工作正常开展，高校也适当调整了教学方式，线上教学成为常态。社会的不断发展变化，直接影响人们的思想状态和行为方式，借助网络技术突破传统法治教育模式的时空限制，拓宽法律知识传播渠道，针对大学生开展法治教育，具有十分重要的现实意义。

（一）有利于高校网络空间法治化建设

网络法治化建设是发展社会主义市场经济的客观需要，是依法治国的重要组成部分，是建设网络强国的重要保障，任何组织和个人都不得有超越法律的特权。习近平总书记在中央全面依法治国工作会议上强调要坚定不移走中国特色社会主义法治道路，为全面建设社会主义现代化国家提供有力法治保障。要想推进高校网络法治化建设，就必须从把握时代发展新规律

出发，立足大学生成长成才特点，积极调整大学生法治教育方式方法，牢固树立法治在大学生心中的权威，使其自觉地认同和崇尚法律，从而更好地提升大学生法律意识、规范大学生网络行为，营造绿色有序的高校互联网环境。

网络空间绝不是一个无规则秩序、无限制自由的"法外之地"。当今社会正处于网络经济时代，网络上的各种信息深刻影响着人们的生活生产方式和社会发展。网络购物、线上社交、信息传播……网络空间与现实生活已逐步融合，成为社会角色、人际关系、生产方式的延伸生存空间。但信息网络在给我们的生活带来便利和发展机遇的同时，也带来了严峻的挑战，比如网络暴力、网络诈骗等很容易引发社会矛盾，甚至会因为一系列连锁反应引发社会动荡，危害社会公共安全。网络空间具有自创性和自由性等特点，如果不在法律与道德的框架下加以规制和约束，很容易导致言论迅速扩散发酵，从而对我国的社会发展和文化秩序造成严重冲击。大学生作为网络的主力军，他们基本上是围绕着网络来学习、生活，并建立起各种社会关系、展开各种社会活动的。所以，采取积极有效的措施大力推进高校网络法治教育和规范，保障高校网络空间的良好秩序和健康发展，是构建社会主义和谐社会和实现高校培养目标的迫切需要。

（二）有利于规范大学生网络行为

随着全媒体融合时代的到来，新的网络媒介层出不穷，微博、微信、各类短视频平台等成了大学生学习交流和获取信息的重要渠道。但网络空间的匿名性、私密性也使部分人模糊了社会责任边界,网络暴力、网传谣言等不负责任的言行屡见不鲜,挑战着社会道德底线和网络法律秩序。

大学生正处在心理和生理的发育成熟期,在心理上,他们具有强烈的想要获得他人和社会认可的需求;在行为上,他们喜欢用批判的、怀疑的眼光看待周围事物,极力想摆脱来自外界的干涉和约束,独立自主意识越来越强,在一定程度上削弱了以灌输为主的法治教育效果。同时,大学生个人的三观尚未完全成熟,对错综复杂的社会关系还缺乏完全认知辨别的能力,使得他们急于自我证明的心态很容易被有心之人利用和误导。另外,面对学业、情感、人际关系等多重压力,一些心理脆弱的学生会感到无所适从,甚至部分学生会因为功利性、自我性、焦虑性等消极心理状态的重叠交织,在主观上对法律、社会制度产生一定的抵触心理。在多重因素的影响下,大学生很容易被迷乱心智,尤其在相对自由的网络环境下,更容易因缺乏自我约束和法律意识导致不当言行,引发舆论舆情,甚至造成违反法律的后果。所以,加强网络法治教育,完善网络管理,依法规范大学生网络行为,是推进高校网络空间法治化建设的重大任务。

(三)有利于增强大学生法律意识

法律意识淡薄、法律观念模糊、法律素养不足是当代大学生法治教育工作中存在的主要问题。很多大学生对法律存在一种误解，认为只要自己不犯法，那么法律就跟自己没有关系，学不学法也就无所谓。这种观念一旦形成，并作为日常行为的指导原则，就很容易导致其网络言行失当，从而扰乱高校网络安全秩序。大学生作为未来社会发展的中坚力量、各行各业的中流砥柱，其法律素养的高低、法治观念的强弱、法治教育效果的好坏是其守法程度的体现，也将直接影响国家依法治国方针政策的落实。而通过网络途径，利用大学生更加容易和乐于接受的网络方式教育引导，将有利于加强法律在规范高校大学生网络行为中的作用，引导大学生树立对社会主义核心价值观的认同，从而切实增强大学生自觉懂法守法的意识。

二、在高校开展网络法治教育工作的途径探索

传统的高校法治教育通常采用课堂教学、讲座交流等形式开展，大学生基本处于被动接受的状态，学习法律知识的主动性较低，接受时间相对较长。在网络时代，通过大学生熟悉并乐于接受的形式多样的网络平台，将单向强制性的"灌输式"法治教育转变为互动、平等的"开放式"法律普及，以较小的成本投入获得较大的教育效果，同时趣味性和接纳性增强，将极大程度地提高高校法治教育工作的实效。

（一）发挥网络优势，转变高校传统教学模式

为了更好地以法治网，以法治学，进一步增强大学生的法律意识，在高校法治教育工作中须充分利用网络优势，升级课堂教学模式。首先，高校教师须与时俱进，及时提升自身网络素养，了解并善于利用丰富多样的网络软件和平台整合教学资源，安排教学内容，升级教学方式，从而形成一支高素质、高水平的网络法治教学队伍，为高校大学生法治教育提供过硬技术支持和师资力量；其次，适当加大公共法律课程的覆盖面，增强法治教学的力度。法律条文比较晦涩难懂，对非法学专业的学生来说更是如此，并且疫情期间网络安全案件频发，网络诈骗形式多变，高校普法教育面临着紧迫且严峻的考验。法律基础课的教学可以在一定程度上为大学生普及法律常识，减少法律盲区，提高法律意识。教师可通过网络视频分析、平台案例教学讲解，向学生详尽分析其中的法律法规以及法理精髓，提高学生对法律的理解能力，丰富学生的法律常识，以更加生动具体的形式让学生吸收法律知识，潜移默化地提高法律素养。

（二）结合大学生实际需求，建立网络法治教育平台

课堂教学侧重于理论教授和基础讲解，而法律本身是一门实践性很强的学科，大学生只有通过一定的法律实践，才能更透彻地理解法律理论，从而精准高效地将法律运用于实际生活，最终在实践中促进法律意识的形成和巩固。而网络

作为大学生日常学习交流最常用的工具，不易受到空间、地域、时间等因素的影响，更容易实现全球范围内的资源共享和信息传播，比如疫情居家隔离期间，互联网的使用频率和需求量有了空前的增长。可以针对不同的专业、年级等需求群体，搭建综合性网络法律学习交流平台，开展形式多样、主题新颖、兼具交流互动、法律咨询、专题讨论等功能的活动，提供法律文本写作指导、法律实践指导、具体案例咨询、法律知识答疑等服务，最大限度地调动大学生学法、用法、守法的积极性，从而提升高校法治教育工作的实效性。

（三）发挥朋辈作用，搭建高校网络法治化教育桥梁

在高校中，学生组织和朋辈代表对学生的号召力和影响力不容小觑。同时，大学生群体更容易接受和掌握最新网络技术，也更擅长利用网络作为信息传播手段。开展高校网络法治教育工作，可以通过充分发挥大学生朋辈引领作用和示范效应，搭建出师生、家校、学社的网络法治化教育和监督桥梁，从而实现大学生自我教育、自我服务、自我管理的教育目标。一方面，学生朋辈代表可以通过网络宣传和线上互助，在为同学们服务的过程中帮助同学树立有法可依、有法必依的法律意识；另一方面，学生朋辈代表作为大学生的一分子，和同学们沟通和交流起来更为平等，阻碍较少，通过学生自我管理和服务也可以更快发现大学生的思想波动和异常情况，第一时间进行反馈和干预，从而为协助做好高校日常网络监

管提供客观条件。从这个角度来看，充分调动并发挥出学生朋辈代表的桥梁作用，对于学校加强网络法治化教育有着举足轻重的作用。

（四）拓宽网络宣传途径，开展网络法治文化建设

要坚持把高校网络法治教育工作作为高校网络空间法治化建设的长期基础性工作，拓展网络宣传形式，引导大学生自觉主动地学法、守法、用法。要加大网络法治宣传的力度，拓宽网络宣传的途径，以大学生更容易理解和接受的形式，比如制作普法短视频、专家微课堂、文化艺术表演等网络法治文化作品，引发大学生内心共鸣，增强网络宣传的影响力和渗透力，提升以法治网的力度，引导大学生从内心认同法律、自觉遵守法律，最终形成共同维护网络秩序的良好局面。

朋辈辅导在"00后"大学生心理健康教育中的效用研究

刘筱佳

（工商管理学院）

加强大学生心理健康教育是学生成长的内在需求，而我国由于大学生心理健康教育起步晚，加上高校学生数量不断增长，学校心理咨询中心的专职教师数量远远少于实际需求。朋辈辅导不仅可以弥补高校专业辅导员的不足，而且朋辈可以深入渗透到学生群体中，向需要帮助的人及时提供帮助，从而让大学生实现自我管理，拥有健康的学习生活。

一、关于高校朋辈心理辅导

关于朋辈辅导，国内外专家对其有很多界定。朋辈辅导中的"朋辈"具有"同龄""朋友"的意思，他们一般具有一些共同性特征，比如年龄相近、精神面貌相同、看待问题观点相对一致等。而高校朋辈辅导模式是指根据当事者（学生）的情况和要求，让接受过专业心理咨询培训的同学向其提供心理建设、咨询等帮助，解决其思想上的困难，解开心结，引导当事者的心理状态向着积极健康的方向发展。

常见的朋辈辅导形式有面对面辅导、网络辅导、电话辅导、通信辅导等。在实际运作中，不同的形式一般具有以下相同的特点：其一，主动性强。学生从高中进入大学，由于远离父母亲人、学习生活约束性减弱，更加自由，但对集体生活多多少少会有一些不适感。当自身难以排解生活中的困扰时，往往会主动寻求周围同学的帮助，主动发生"朋辈辅导"。其二，覆盖面广。由于年龄相仿，同辈同学之间易于沟通、交流，思想更易相互影响，朋辈辅导中的当事人（学生）能够更加真切地感知周围同学的喜怒哀乐。此外，由于朋辈心理辅导模式的辅导者也接受了专业的心理咨询培训，相比于寻找专业的心理咨询师，其能够更及时有效地缓解当事者的心理压力。其三，操作简单。朋辈心理辅导模式更不易受时间、空间等因素的制约，因为在高校学习生活中，所有的学生都通过班级和宿舍等方式联系在一起，辅导者与当事者共同学习生活，联系密切，相互熟悉，有利于改善环境和监督建议执行情况，这一系列因素都增强了朋辈心理辅导的便捷性和有效性。

二、朋辈心理辅导模式的作用

（一）有效减轻教师的学生管理工作负担

朋辈心理辅导模式体现出同学之间的相互帮助、相互促进。辅导者在帮助同学的过程中提高了自己的心理辅导能力，丰富了心理辅导知识，而当事者通过心理咨询疏解心中压力，积极面对生活。这体现出朋辈辅导模式能够促进高校大学生的自我学习、自我成长和全面发展，有利于高校学生管理工作目标的实现。因此，朋辈心理辅导模式能够减轻高校教师的学生管理工作负担，推动师生关系良性发展和校园和谐文化建设。

（二）有效促进大学生群体平等交互，加强典型引领作用

在大学生活中，同伴之间的影响尤为深刻，这种同伴效应对大学生的成长具有深刻的影响。而朋辈心理辅导模式旨在形成大学生之间互帮互助、和睦相处的良好氛围，有利于构建和谐校园，建立平等意识，加强高校学生之间的相互联系。此外，学生群体中的优秀典型、先进个人对周围的同学会起到带头示范作用，引导学生心理朝着积极阳光的方向发展。

（三）推动高校学生管理工作人性化、自主化

朋辈心理辅导模式的应用需要充分了解学生心理层次问题，知晓其真正的心理需求，在此基础上开展心理辅导工作，

满足学生需求,促进学生的成长。学生管理工作更加注重人性化和自主化,有利于创造更加和谐的学习生活环境,促进大学生成长成才。朋辈心理辅导模式的应用不仅能够减弱当事者的心理困扰、提高当事者的心理素质,而且能提高朋辈心理辅导者助人的能力,优化高校校园氛围,对辅导者、当事者、学校管理工作、学习氛围都起到了促进作用,有利于推动大学生全面综合发展。

三、推动高校朋辈心理辅导的具体措施

自20世纪90年代开始,高校朋辈辅导已经取得了一些相应的成果,但不可否认仍然存在许多问题。为使其能够更广泛地应用于心理健康教育领域,高校应从重视程度、师资水平、合作能力和后续培训四方面进行改进。

(一)提高高校朋辈心理辅导工作重视度

虽然很多高校认识到朋辈心理辅导模式具有实施便利性、及时性等多种优势,但是由于其辅导者能力水平不一、模式范围界定模糊等,部分高校认为其可有可无,更偏好采用传统心理咨询模式开展高校的学生心理辅导工作。存在心理问题的学生难以自我发现,一般是班干部和教师发现问题后,学生自愿前往心理咨询中心寻求帮助,这就出现了朋辈心理辅导的影子。因此,高校应提高对朋辈心理辅导工作的重视度,可以建立以学校主管领导为首的心理健康教育工作机制:

由各学院设立专门负责心理咨询工作的辅导员老师统筹规划学院的心理咨询工作，指导学生部门设立心理咨询中心、选聘学生兼职带班辅导员和自主建立心理疏导小组，开展心理咨询工作。这种心理健康教育工作机制能够充分发挥同伴咨询、带班辅导员在大学生心理健康教育工作中的作用。因此，充分发挥朋辈咨询的优势，能够推动朋辈心理辅导咨询在高校心理健康教育工作领域发挥更大的作用。

（二）着重提高高校朋辈心理辅导水平

由于国内高校对朋辈辅导模式认识不足、起步较晚、相关理论研究较为薄弱，高校的朋辈心理辅导工作具有很大的局限性。目前，朋辈辅导主要集中在学习、生活和家庭经济困难学生资助等比较基础的方面。由于朋辈辅导是同伴之间的交流、沟通、对话和帮助，因此还没有被提升到更深层次的问题上。由于当事者与年轻辅导者年龄相仿，他们在咨询过程中很容易产生共鸣。同时，我们也应该看到，年龄相仿意味着辅导者本身的个人经验有限。在某些情况下，朋辈心理辅导模式的辅导者会觉得自己缺乏资源，需要向心理辅导老师寻求帮助。因此，应加强对辅导者的心理咨询培训，有效提高其心理咨询水平。

（三）促进两种辅导模式合作

虽然朋辈心理辅导和专业咨询在方法、目标、内容、要求等方面有很大的不同，但二者仍然存在着联系，它们都是高校三级心理健康教育机制不可分割的一部分。高校心理健康教育工作的开展不仅需要专业咨询，还需要朋辈辅导者的努力；而提高朋辈辅导的效果要求专业辅导员提供支持和指导。因此，我们应注重促进朋辈辅导模式与专业咨询机构合作，提高朋辈辅导水平。

（四）重视培训朋辈辅导者

在进行朋辈心理辅导的过程中，由于学生特点的多样性，咨询过程中可能会出现许多意想不到的问题，这需要具体问题具体分析。朋辈辅导者和专业咨询教师需要深入地探讨，同时也要不断加强朋辈辅导者的培训。另外，在培训过程中学到的理论知识更要与实际相结合，才能更容易被理解和运用。

参考文献

[1] 侯云飞. 朋辈心理辅导——大学生心理健康教育的有效途径[J]. 湖南科技学院学报，2009（7）：70-71.

[2] 祝秀香，陈庆. 加强朋辈心理辅导工作 完善大学生心理援助体系[J]. 中国高教研究，2006（10）：67-68.

[3] 姚斌，刘茹. 高校朋辈心理咨询实践中的问题与对策[J]. 教育探索，2008（09）：126-127.

[4] 陈国海，刘勇. 心理倾诉——朋辈心理咨询[M]. 广州：暨南大学出版社，2001.

研究生教育国际化路径探析
——以中南财经政法大学工商管理学院为例

赵元元

（工商管理学院）

近年来，我国研究生招生规模持续扩大，研究生教育的国际影响力和地位也在与日俱增，在建设世界一流大学和一流学科（"双一流"）背景下，提升研究生教育国际化水平的重要性日益凸显。教育部、国家发展改革委、财政部在2020年9月4日印发的《关于加快新时代研究生教育改革发展的意见》中明确提出："到2025年，基本建成规模结构更加优化、体制机制更加完善、培养质量显著提升、服务需求贡献卓著、国际影响力不断扩大的高水平研究生教育体系。"这意味着我国的研究生教育不可封闭办学，而是要开放办学，大力推进研究生教育国际化，这是服务国家战略、推进"双一流"建设、培养具备全球胜任力并致力于服务人类命运共同体建设的高水平创新型人才的内在需求。

中南财经政法大学工商管理学院作为学校师资力量、学科门类、专业数量和学生数量最多的多学科商科教学和研究单位，"十三五"期间，坚持立德树人根本任务，对标国内外一流商学院，紧密围绕一流人才培养、一流学科建设和"双万"计划，在师资队伍、科学研究、人才培养、国际合作交流和社会服务等方面取得了可喜成绩，为学院学科国际化发展奠定了坚实的基础，研究生教育国际化为其中重要一环。

一、研究生教育国际化的基础与条件

2020年6月，《教育部等八部门关于加快和扩大新时代教育对外开放的意见》正式印发，指出要把培养具有全球竞争力的人才摆在重要位置，要求高校着眼于提升高等教育人才培养的国际竞争力以及加快培养具有全球视野的高层次国际化人才。这是一项卓越工程，它不但要求高校的人才培养对标我国社会经济发展的新要求，在人才培养目标、专业与课程设置、教学模式与方法、质量监控与评价等方面进行全面的改革，提升教育服务社会经济发展的能力，而且要求我们的人才培养对标世界一流水平，制定世界一流的质量标准，打造世界一流的教育体系和探索世界一流的人才培养模式。

中南财经政法大学《十年跨越学科建设规划（2019—2028）》明确指出，学校整体国际影响力亟待提高，并将国际化人才的培养、师资和科研建设等列入了核心发展指标，在战略步骤规划中提出了两步走，即第一阶段"优先重点"，第二阶段"以点带面",并在具体行动计划中明确提出了"国际发展战略"、"对标赶超战略"和"特色发展战略"同为学校三大顶层设计战略。结合国家战略和学校规划,中南财经政法大学工商管理学院为贯彻落实学校关于研究生教育国际化的决策部署,结合自身特点、发挥自身优势,构建了"1大战略、1套制度、5项措施"的"115研究生教育国际化工作体系",为进一步做好研究生教育国际化工作打牢了根基。

二、研究生教育国际化的主要路径

(一)拟定国际化发展战略,做好顶层设计,指导研究生教育国际化发展

学院制订了《全面提升学院学科国际化水平行动计划(2021—2025)》。2017年,工商管理学院根据学科发展和"双一流"建设的迫切需要,提出了提升全院学科国际化水平设想。2018年,MBA学院整体并入工商管理学院。作为学校唯一通过了商学院国际认证(AMBA)的商科教学单位,学院制定了以商学院国际认证三皇冠(AACSB、EQUIS和AMBA)为抓手的学院学科国际化提升战略规划,按照国际一流商学院的标准来提升办学和人才培养水平。2020年,在探索学科专业国际化建设的基础上,学院总结提升,发布了《全面提升学院学科国际化水平行动计划(2021—2025)》,中南财经政法大学工商管理学院将在该计划的指引下,一张蓝图绘到底,

稳步推进研究生教育国际化。

（二）逐步完善学院国际化制度，以制度保障推动全院研究生教育国际化发展

工商管理学院指定了一套制度，即"走出去"和"引进来"系列制度。为了鼓励学生走出去，拓展国际化视野，2018年学院制定出台了《工商管理学院学生出国（境）学习资助办法》；为鼓励学院教师走出去，陆续出台了《工商管理学院教师参加国际学术会议资助办法》《工商管理学院教师赴国（境）外高水平大学访学资助方案（试行）》。为吸引国外高水平学者走进来，学院制定了《工商管理学院海外客座教授聘用办法》，高薪聘用海外客座教授。近3年来，已资助学生出国（境）共20余人次，10余名教师出国访学受到学院资助，引进了14名海外高水平学者，定期参与学院的教学和科研工作。

（三）多措并行，全面推进研究生教育国际化战略落地

开展国际合作培养，搭建国际交流平台。一是国际办学平台。学院与新西兰坎特伯雷大学、美国石溪大学、法国雷恩商学院和英国雷丁大学开展了国际合作办学项目。二是学术交流平台。近年来，学院主办的系列讲座中有200余场由境外专家学者主讲，学院主办了10余场国际学术会议，很多世界著名经济学家担任会议主讲嘉宾。研究生教育国际化平台的搭建，为广大师生提供了越来越多的国际化高层次学术交流机会，学院研究生教育国际化氛围不断提升。

推进师资队伍国际化，提升学科国际化水平。为推动导师队伍的国际化，学院引进"海归"专任教师18名，占全院专任教师数量的12.3%，具有海外背景的教师比例将近50%。来自美国、澳大利亚、日本等国家世界知名大学的14位知名学者被聘为学院海外客座教授和学校文澜讲座教授。目前，学院有IMBA和国际商务两个招收国际留学生的项目。IMBA项目有4名留学生导师，国际商务项目有10余名留学生硕士生导师，两名博士留学生导师，他们均具有海外访学或留学的背景以及良好的英语授课能力。

拓展国际化学习渠道，充分利用国际化资源平台。一是加入各类国际商学院协会。学院已经成为AMBA/BGA（英国毕业生协会）、AACSB（国际商学院协会）、EFMD（欧洲管理教育基金会）的认证单位和会员，不断拓宽与世界一流商学院的交流渠道，努力获取各种新的合作机会。二是鼓励学生参与并融入学校各类国际化项目中。2020年，中南财经政法大学开设了"国际创新型人才培训班"，学院有3名本科生、2名硕士生、3名博士生通过遴选获得了学习培训资格。三是鼓励师生公派访学。每年推荐教师赴四川外国语大学培训，大力支持教师去国外知名学府访学，动员学生积极申报国家留学基金委项目。学院有3名博士生通过国家留学基金委项目公派出国留学。四是组织访学经验交流会。分别举办教师场和学生场的访学经验交流会，邀请访学回国教师与全院教职工、访学回国学生与即将出国的学生交流访学经验，提升访学效果。

设立招收留学生专项，打造国际化品牌课程。学院各专业都开设了多门全英/双语课程，招收国际留学生。专门设立了IMBA和国际商务两个项目，独立开设了20余门全英文课程。其中，"国际商务"课程被评为"教育部来华留学英语授课品牌课程"，"跨国经营管理"课程被评为"湖北省来华留学英语授课品牌课程"。两个项目吸引了来自28个国家的68名留学生在学院学习。项目的开设也带动了教师科学研究的国际化，通过和留学生合作，推进了论文国际化发表，近三年共发表38篇高水平国际论文。

重视研究生国际化视野培养，推动教学内容国际化。课程教学中，学院鼓励各专业的授课教师借鉴世界通用的经典教材和教学案例，以培养学生的国际化视野。同时，要求教师将国际经典案例与中国本土案例相结合，引导学生多角度思考，培养学生跨文化分析能力。针对留学生，学院通过宣讲《留学生手册》、安排志愿者提供帮扶、提供汉语教学等方式帮助他们减少学习生活的不适，从而更好地融入中国生活。在教学中，我们注重对中国经验的总结，与来自不同地区、不同社会制度、不同经济制度国家的学生进行探讨，帮助他们更好地认识和了解中国。

三、对今后研究生教育国际化工作的思考

首先，更新观念，推动国际化教育理念优化。根据目前

国际化教育模式普遍存在成本高、受众面小等问题，未来的研究生国际化培养提升项目应朝着投入少、受众广、效果好、可持续方向努力，使项目模式和思维模式均实现突破，如利用网络等媒介降低国际化交流成本，研究生教育国际化最好实现不同国家、不同办学体系的协作；实现研究生国际化培养的互利性，做到与合作伙伴共同投入，共同产出；加强合作学校研究生之间的互相了解、互相宽容的能力，提升教育合作的有效性。

其次，提升教育资源国际化程度。首要的是普遍提升教师外语业务能力和国际视野。教师培养培训课程中增加国际化内容至关重要。专业课程内容应该在原有基础上，进一步增加国际化内容，促使学生面向世界，重视借鉴、学习各国之长，将本土教育和国际教育相融合，使学生更具有世界知识和世界眼光。

最后，研究生国际化培养需要以培养符合中国特色社会主义实际需要的高水平德才兼备的接班人为最终目的。在推进国际化的同时更要加强爱国主义教育。这要求我们培养的中国学生既要走出去、看世界，更要爱国家、懂担当；培养的外国留学生要懂中国、爱中国，讲好中国故事，做好中国与世界沟通的桥梁。

大学生时间焦虑的表现、成因与引导策略

陈 盈 方旭峰

（统计与数学学院）

一、问题的提出

时间对于每个人都以同等的速度逝去，不以个人意志为转移，而个体对时间却有着不同的感知。人类如何看待自身与时间的关系并利用好时间，是当代社会人们的一个重要课题。伴随着社会经济的高速发展，焦虑成为一种普遍的社会现象，时间焦虑便是社会焦虑的形式之一。当人们认为自己在有限的时间内没有完成相应的目标任务则会产生对时间逝去的紧张感，在个人与他人的对比中，在某个时间节点上，人们认为自己没有追赶上身边人或者社会的发展速度就会产生落后感。

"95后""00后"是当前大学生的主体，他们伴随着中

国社会的迅速变迁、互联网的高速发展成长起来，社会不确定性压力传导至家庭再传递到大学生身上，家长和自身对自己的期望极大提升，大学生希望迅速获得更好的成绩、更多的奖项荣誉、更广的社交圈子，尽快成为校园精英，为理想的毕业去向做好准备，这使得他们对时间格外重视。大学生如能正视自己当下的状态，以从容不迫的心态投入学习生活中，其自主性就能够充分发挥。然而很多大学生处于一种时间焦虑状态，害怕自己浪费了太多时间，每当在一定时间内没有达到预期的产出，就会产生很强烈的负疚感，从而陷入更深的焦虑循环。对当代大学生时间焦虑产生原因进行分析，有利于深入理解大学生的群体心态，从而引导其合理疏解焦虑，以从容的心态和踏实的行动投入大学生活。

二、大学生时间焦虑的具体表现

时间焦虑是"一种合理规划时间、充分利用时间和不能浪费时间的紧张状态，以及由此产生的行为表现和倾向"[1]。新技术席卷全球的浪潮之下，社会发展节奏急速加快，高等教育普及化之后，大学毕业生直接面对市场，在校期间的学业、职业生涯等发展问题常常成为大学生们的压力来源。大学是一个重要且有限的时间阶段，一般要求学生们在4—6年的时间内达到培养目标，因此大学生们往往在学习、人际交往、

---

[1] 陈昌凯. 时间焦虑感［D］. 南京：南京大学，2013.

生涯发展等方面具有很强的时间紧迫感。

（一）学业焦虑：希望迅速提升学习成绩

从高中生到大学生身份转换的过程中，一个重要转变是学习方式的转变。高中时期，每一天的学习时间都被安排得满满当当，每一门课程只要按照老师规划按部就班进行学习即可，而大学则要学生们根据课堂上老师讲授的知识自行安排学习计划和投入行动，比较之下，大学生拥有的可支配时间比高中生要更多。如何利用这些课余时间成为大学生们要思考的重要问题。

学习是大学生的主要活动，也是花费时间精力最多的活动，大学生群体的求学动机在一定程度上受工具理性驱动，表现在为奖学金、高绩点、保研、考研等目标而学习，正因为有这个目标的指引，他们对于学习效率、投入产出比非常重视，期待投入时间精力学习和复习能够换取高分，从而获得奖学金等。不论是否为其感兴趣或真正想学的内容，给分高的课程一定受欢迎，不少学生出于对高分的渴望选"水课"，每学期的选课阶段，广大学生发挥集体"智慧"创作"水课"目录，大受学生欢迎；他们学习具有选择性，并不会花时间拓宽学习知识面，而是把大量时间放在考试知识点上。最后一节课学生往往不会缺课，因为老师会在最后一堂课上总结重点，该行为本质上是期望在最短的时间内获得一学期的学习重点，通过复习这些重点来获取高分，这就与大学通识教育目标相背离。大学时期，除了学习外，学生还要参与各类校园活动，当多任务同时进行时，他们很难理清多线任务头绪，因此常常会感到时间不够用，会产生两种倾向，一种是牺牲睡眠时间完成任务，一种是由紧张感发展为无力感，导致拖延，两种倾向都会在一定程度上强化焦虑。

（二）归属焦虑：期待迅速融入某一集体

当代大学生是伴随着网络成长起来的一代人，他们的人际交往与网络密切相连。随着自媒体的普及，大学生们化身为内容传播者，在网络空间建立起交往圈，除了现实生活中的学生身份，他们可能还拥有多个网络身份甚至网络人格。由于使用自媒体能够轻松与陌生人取得联系，他们的网络社交非常广泛，互联网这些特性直接影响到大学生们的情感体验，他们变得越来越擅长在网络空间表现个人特长，与陌生人建立密切的虚拟联系，却越来越羞于在现实生活中与身边的同学甚至舍友建立实际的密切关系。

选课制度之下，行政班是方便管理组成的集体，相较于高中班集体全天候在同一场域学习，大学班集体凝聚力与熟悉度大为减弱。大学生之间的交往大多依托于特定事件，其交往场景具有分散性、情境性，也就是说事件性交往中大学生们处于弱关系中，将学生集结在一起的特定事件结束之后，他们的情感联结随之淡化，重新回到"个体原子化"状态。人是群体性动物，通过与人交往确立外界对自我的评价，再由自我的解读确立自己在世界中的定位。大学生处于价值观形塑时期，尤其需要通过与外界的交往获得他人反馈，同时，与他人的联结也能够帮助其获得更多的社会支持。根据马斯洛层次需求理论，爱与归属是人的基本需要之一，大学生在校园里的主要目标是学业与人格的双重发展，他们依然需要在集体中获得归属感。在现实生活中难以获得归属感的情况下，他们进一步寄托于网络，也由于网络即时性的特点，信息需求能得到即时满足，导致他们对情感建立的速度有了更高的期待，期待在很短的时间内通过即时通信、打游戏等网络活动快速联结，归属于某个网络集体。

（三）生涯焦虑：担心发展前景不明朗

生涯焦虑是在风险社会之下，个体对抽象生涯规划在时间维度上的焦虑。大学生群体难免受到社会快速变迁过程中凸显的"功利主义""消费主义"等思潮的影响，在制订自身的升学计划或职业规划时，害怕自己不能顺利发展，难免急功近利，忽视了大学阶段稳扎稳打的重要性。大学生只有在日常学习中注重积累，才能够在升学考试、求职阶段厚积薄发。

大学毕业生的去向大体可分为继续读研深造、进入职场和待业，大学生们大多对未来去向没有十足的把握，为了获得光明的前途，他们尽可能地取得高绩点、多实习和考证书。获得保研资格的前提是有优异的成绩，考研成功也需要有扎实的基础并认真复习备考，得到一份满意的工作也需要有良好的在校表现和实习经历，大学生们大致规划就清楚每学年要达到什么样的目标，他们在进行生涯规划时多采取实用主义态度，更多地考虑自己花费的时间能否为生涯发展增效，因此时间的功能属性在大学生群体中凸显出来，他们对时间越来越敏感，越来越在意单位时间内的收获，担心在规定的时间内不能达到理想目标。许多学生进入大学校园后，对于社会阶层和城乡文化差异不甚了解，易将自己与优秀的同龄人进行对比，很容易产生心理落差从而反向给自己增加压力，试图通过大学阶段努力追赶实现超越，但此种努力易浮于表面，效果往往不佳，甚至一些大学生长期陷入这种时间焦虑之中，出现失眠、抑郁等症状。

三、大学生时间焦虑的原因分析

（一）风险社会下的不确定性影响

人类通过掌控自我与环境以减少不确定性，从而促进个人与社会的发展。而当今社会是一个风险社会，个体在社会风险面前显得异常弱小，在一个经济迅速发展同时急剧变迁的社会，人们的期望不断增长，同时面临风险时的焦虑持续增加，信息技术的高速发展则对这种不确定性焦虑形成传导机制，进一步扩散焦虑情绪。就大学生面临的升学、择业问题而言，新冠肺炎疫情在全球的暴发，导致许多学生出国计划受阻，经济不景气影响下就业机会减少，用人单位对毕业生的要求也随之提高，继续深造和进入职场的门槛提高，这些都是大学生能够切身体会到的风险。本科高等教育普及化之后，大学学历在就业市场不占优势，许多学生选择继续深造以获取更好的出路。大学生们并不是单纯地担心时间逝去，而是担心在规定的4—6年之内无法达到获奖、实习、升学、求职目标，本质上是担忧其目标实现进程落后，此类目标多与未来发展挂钩。

（二）网络自媒体的渲染

大学生的时间焦虑在网络自媒体的渲染之下有增强趋势。个人使用自媒体塑造光鲜亮丽的虚拟角色，展现的多是自己优秀且愿意"秀"给大众看的一面，媒体对于优秀青年的描述也是选择其成功的部分，鲜少体现努力过程中的挫折，《某某才刚刚××岁，就已经拥有……》《你的同龄人已经开始……》《7天内成为……高手》等文章迅速成为"爆款"，就是抓住了人们渴望成功的心理，这种片面性的表现方式容易使读者在对比之下产生落差感甚至自卑感。大学生是充满活力的一群人，对外界充满了探求欲望，然而人生阅历不足，看事物易浮于表面。在大众媒体对诸多优秀青年事迹进行渲染的氛围之下，部分大学生不加选择地进行同辈比较，对自身的期望膨胀，对标"榜样"的获奖、保研、考研、出国、就业等经历，担心自己在大学四年内无法达到预期的目标，更对当下的生活状态不满意，对自己产生怀疑与苛责。还有部分学生关注他人走向成功的步骤，引发在最短时间内实现最大收益的成功欲望，对需要花费时间和心思去学习的知识避而远之，排斥艰苦努力、勤奋钻研，进一步形成了急功近利的浮躁心态。还有学生仅看到生涯规划中的一个个目标，忽略了个体的体验，当目标未能实现，便对生命和时间的意义产生疑问，放弃了努力，大学生"丧"文化、"佛系"文化便是一种体现。

四、大学生时间焦虑的引导策略

大学生的时间焦虑是社会焦虑心态延伸至校园的表现，为避免时间焦虑心态进一步扩展深化，思想政治教育工作者要认识到该问题的实际情况，主动关切学生，积极采取应对措施，对于潜在的风险加以预防，同时也要因事而化、加强引领，教育大学生正确处理自身与时间和外部世界的关系，树立正确的学习价值观与科学发展观。

（一）加强心理疏导，正确看待时间

随着社会的发展，时间被赋予了许多意义，个人发展进程伴随着时间的单向流动。正是在这种关联的想象中，大学生害怕自己不能把握时间而产生时间焦虑。人作为具有能动性的主体，虽然无法干预时间的流逝，但是能够主动建构自身与时间的关系，从自我角度出发正确看待时间，因此要引

导大学生正确认识时间的客观性，对于他们的焦虑心态要注重情绪疏导。思想政治教育工作者要运用认知疏导和情绪疏导方法，通过与学生交流启发他们的自我意识，帮助其认识到时间存在于个人的生存和发展过程之中，二者并不是分离的，要注重个人的学习体验，最为重要的是意识到当下的自己对于时间具有掌控权，要学会自主安排各个阶段，合理采取行动。同时也要帮助有时间焦虑的大学生疏导负面情绪，引导其主动观察和接受压力状态下的各类反应，接纳自己暂时的焦虑状态，通过有效的倾诉和适当的发泄，学会自我放松，以轻松的状态重新进入校园生活，轻装上阵采取行动从而克服焦虑情绪。

（二）加强思想教育，端正学习价值观

学业焦虑之下，不少学生存在急功近利的学习观念，想通过多快好省的方式得到好成绩，这实际上是不良学习价值观的体现。大学生是未来的社会主义建设者和接班人，应该正确看待学习与成长的关系，认识到接受高等教育的最终目标不是短时间内获得高分，而是通过各类学习活动实现能力增长和人格完善，而这两者都需要投入时间精力来锤炼。大学生处于人生价值观形成的重要时期，要以社会主义核心价值观教育学生，加强青年学生的理想信念教育，引导其端正学习态度，树立正确的成才发展观。一是要发挥第一课堂的教育作用，教师要结合学生的思维方式，深入浅出地讲清楚

前人辛勤钻研积累知识的过程，进而让学生真正明白学习与时间的关系，一步一个脚印逐步攀登学习高峰，帮助他们明确为社会发展而学习的动机，培养学生的社会责任感。二是要将大学生学习价值观培育寓于生活场景之中，思想政治教育工作者要知行合一，以身作则，以自身勤勉的学习行为感召大学生，产生熏陶感染效应。

（三）加强媒体引导，树立科学发展观

自媒体的频繁使用使得大学生越来越缺乏耐心，在与其他内容生产者的对比中也容易使他们产生过高的自我期待，从而加剧了时间焦虑。生命时间有丰富的内涵，思想政治教育工作者要多关注大学生的生活状态和真实情感，媒体宣传中要多元评价青年学生，定义优秀大学生不只有高绩点、被保研、考取名校，现实生活中也要给予他们更多的表现机会，努力建构大学生发挥自我价值的途径，帮助大学生切实做好生涯规划，厚积薄发，科学发展。首先是要引导大学生正确使用自媒体，认清自我与媒体工具之间的关系，人是使用工具的主体，要切忌被工具异化，可以通过限制上网时长、利用锁屏工具等多种方式减少电子产品使用。其次是引导大学生认清媒体内容与自身实际之间的差异，并对其正确归因，意识到真正的幸福并不来源于比较，而来自行动带来的成就感。引导学生们保持积极的心态，努力做好生活中的每件小事，通过日积月累增强自身能力。

教育"新常态"下浅析研究生学风建设与学术创新[①]

付慧娟

（党委研究生工作部）

教育是国之大计、党之大计。党的十八大以来，党中央高度重视教育工作，要求全面加强各级各类学校思想政治工作，推进教育领域综合改革。人民对高质量教育的期盼特别是对高水平研究生教育的追求是人民美好生活需要的重要体现之一，是新时代大众对"美好教育"的最高核心追求。

高校肩负着培养能担当民族复兴大任的时代新人的重任，研究生教育肩负着高层次人才培养和创新创造的重要使命，处于高等教育的顶端。百年之未有大变局的背景下，风险挑战前所未有，矛盾变革与发展机遇交织叠合，研究生教育培

[①] 本文系中南财经政法大学2022年基本科研项目（项目编号：2722022DG009）阶段性成果。

养更是被高度关注。习近平总书记在全国高校思想政治工作会议、全国教育大会和全国学校思想政治理论课教师座谈会等不同场合的重要讲话及对研究生教育工作作出的重要指示都为高校研究生教育管理工作提供了理论导向和实践指南。在这样的"新常态"下,《高校思想政治工作质量提升工程实施纲要》《教育部等八部门关于加快构建高校思想政治工作体系的意见》《关于加快新时代研究生教育改革发展的意见》《关于新时代加强和改进思想政治工作的意见》等多份文件的出台、印发更是标志着研究生教育管理工作的面貌正在发生格局性变化。

学习贯彻落实习近平总书记关于教育的重要论述,建立完善全员、全程、全方位的育人体制机制,全面提升高校思想政治工作质量是当前和今后一段时期内广大教育工作者所面临的任务。研究生的学术科研水平提升和科研创新能力培养是其成为社会主义现代化国家建设主力军、为创新型国家建设做出应有贡献的保证。在"大思政"体系构建的背景下,为进一步营造浓厚的校园学术文化氛围,引导研究生增强创新意识,全面提升研究生知识创新融合与实践成果转换能力,应不断加强对研究生学风建设与学术创新的思考。

一、强化硕士生导师与研究生的交往互动

党中央、国务院高度重视研究生导师队伍建设，研究生导师是研究生培养第一责任人，肩负教书育人、学业助推、学术指导与价值引领等众多责任于一身。研究生导师队伍既是影响研究生教育质量的关键要素，也是衡量学校办学整体水平与方向的重要标志。不管是围绕学术前沿砥砺切磋，还是解决实践、实际问题，硕士生导师对研究生的影响都是全方位、全过程的。较之本科阶段的学生，硕士生导师对其所带研究生的学术指导投入相对更多，双方双向互动更为活跃与丰富。因此从育人主体来看，在导研沟通、交往与互动中，研究生导师应以培养能担当民族复兴大任的时代新人为己任，遵循思想政治工作规律，遵循教书育人规律，遵循学生成长成才规律，通过身体力行与言传身教，春风化雨、润物无声般为研究生学业与人格发展、职业道路选择等做正向、积极引导，使研究生的学术能力和品格品性得到双重熔炼。

未来高校也需进一步做好导师师德师风、教风学风的建设养成与督查监管工作，进一步提升硕士生导师的政治素质、道德修养、学术水平、创新能力，督促其切实履职尽责、坚守学术底线，积极推动正面典型案例的宣传工作，培养导师立德树人的责任感和使命感，在与学生共研、共创中，不断提升导师队伍水平。

二、培养研究生学术创新和规范意识

较之本科通识教育，研究生教育着眼于"研"字：既钻研探究，还精通突破。与本科阶段相比，研究生阶段突出精细化培养（学术与专业两维度），其建构式、立体式、创造性的学习特征更为显著。另外，硕士研究生能享有更丰富、更前沿的学术资源和教育资源，故而能更专注于探索学科前沿新知。在党和国家事业发展迫切需要培养造就大批德才兼备的高层次人才的大时代背景下，研究生的学术研究必须把学术传承与学术创新有机结合起来，二者既是开展学术研究的基本任务，又是相辅相成的关系。需在完善的教学课程体系基础上，丰富研究生对于所探索学科全貌的深入认知，使其在进入专深、前沿之前达到足够的"研"与"通"。

"弘扬科学精神，营造优良学风，坚守科研成效，崇尚学术道德"是构建高校学术环境育人体系的重要方面。学术诚信是大学精神的根本，作为学术道德的践行者和良好学风的维护者，无论是做学术研究还是实践突破，研究生学术创新与学术规范的重要性毋庸置疑。青年研究生应以"明德正己，守心砥志"为治学准则，以"树立诚信意识，恪守学术规范，加强学术建设，提升学科精神"为治学目标，聚焦主责主业，提升自身修养，以理想信念为基，以践行社会主义核心价值观为魂，进一步增强自身的学术诚信、学术职业规范，将脚踏实地、严谨治学的优良作风落实到日常的学习与科研中去。在对社会现实有深刻理解与独立判断的基础上，深刻理解把握时代潮流和国家需要，坚持价值引领、汇聚共同追求，结合时代要求发挥自身在校园文明建设中的主力军作用，更好地把科学理论转化为认识世界、改造世界的强大力量。在高标准、严要求，不断追求自身学术修养提升的同时，敢于提出新理论、开辟新领域、探索新路径，立创新报国之志、守科研求学初心。

三、夯实研究生学术品牌创新性建设

推进国家治理体系和治理能力现代化是当前中国经济社会发展的新时代命题，也是高等教育办学治校所遵循的重要依据。在高校治理过程中，研究生教育培养管理工作尤为关键。研究生教育要追求学术卓越，更要面向国家需求，面向国家治理大战略和经济社会发展主战场，研究生学术教育环境的载体建设对高校推进综合改革发展、思想政治教育工作以及研究生学子全面发展具有重要意义。

围绕"繁荣校园文化、营造学术氛围"这一建设目标，高校需深入开展科学道德和学风建设宣讲教育活动，打造富含学校学科特色的学术品牌活动，培育典型养成环境，将科学道德和学风建设宣讲教育融入校园文化建设，持续强化研究生科研诚信教育和学术文化品牌建设，进一步营造浓厚的科研、学术道德教育的校园环境；构建以知识、能力和价值等为综合指标的科学合理的研究生科研评价指标体系，针对研究生群体实施学术、科研、实践活动等科研成果专项奖励，通过一定的奖励机制措施，鼓励广大研究生积极开展学术科研创新，在争先创优的学术氛围中挖掘学业优秀、学风优良的研究生典型，树立、宣传遵守学术道德、潜心学术研究的优秀模范，广泛宣传创新、求实、协作、奉献的科学精神，在研究生中进一步弘扬学术文化精神。力争培养基础扎实、知识广博、专业精深、具有创新意识与创新能力的优秀研究生人才。大力支持学科交融、跨学科学术活动，通过开展特色鲜明的学术品牌活动，为广大研究生提供产出学术成果、提升学术造诣的学术交流载体和平台，营造浓厚的学术科研氛围，以引导研究生树立正确的政治方向、价值取向和学术导向，激发研究生创新热情，提升研究生学术素养。

教育"新常态"下的研究生教育培养既是实践活动，也是对高等教育理论的检验和发展。青年研究生应加强自身学术道德和诚信教育修炼，培养优良学风，拓展学术视野，启迪科学思维，促进不同学科的学术观点交叉融合和知识创新。在浓厚的校园学术环境中，培育良好学术文化生态，养成实事求是的科学精神和严谨认真的治学态度，不负韶华，不负时代，不负人民，努力成长为服务国家和社会需求、社会主义建设的可靠建设者和合格接班人，与新时代同频共振！

工作案例篇

爱国力行
——疫情防控常态化背景下研究生思政工作

岳明泽

（经济学院）

一、工作背景与整体思路

（一）工作背景

为深入贯彻党中央领导的重要指示精神，坚决执行教育部、省委省政府关于疫情防控的各项决策安排，坚定信心、同舟共济，学院积极开展了疫情防控常态化背景下的网络思想政治教育主题工作，采取线上线下联动的活动形式，使得教育体系不断立体化，引导学生正确认识疫情防控现状，坚定战胜疫情的信心。

（二）整体思路

疫情改变了生活，也改变了教育方式。学院始终坚持"防疫抗疫不放松，思想教育不打烊"，积极交流网络思政教育的有效途径，以提升线上活动的参与度。学院活动不再是传统的"面对面"，而是以"键对键""屏对屏"等多样的互动形式开展活动搭建平台，"数说抗疫""图说抗疫""话说抗疫"等系列主题教育活动为宣传防疫抗疫发挥重要作用，实现了线上线下联动，维护了学生的身心健康，体现了众志成城、坚决打赢疫情攻坚战的强大决心。

二、组织实施与成果梳理

疫情期间，学院借助网络教育平台积极开展丰富的思政育人实践工作，具体如下。

第一，推广网格化管理体系。将防控管理扩展至班级和专业年级，实行网络化的学生工作模式，领导干部、辅导员、专业教师、学生干部以及学生党员分别担任不同层级的网格管理员，形成网格化的学生管理体系。学院为推进抗疫工作，定期开展全院学生各层级的抗疫专题视频会议，及时告知学生疫情防控信息，同时全面了解学生现状，确保学生身心健康安全。

第二，举办系列读书会活动。学院以音频为载体举办读书会活动，定期推荐优秀书目，开展经典阅读，着力在"专、通、雅"人才培养目标的"专"字上做文章，用全新的方式延续读书活动的育人价值，使得思政教育"活"起来。学院在"畅游书海，传承经典""不忘初心、牢记使命""疫情防控与经济复苏"等活动中取得良好成效，各专业教师推荐优质经典书目，有益于营造良好的学术氛围、丰富学生的第二课堂；深入引导学生理解习近平新时代中国特色社会主义思想的核心要义和精神实质，强化大学生爱国力行的使命担当。

第三，开展丰富的网络宣传活动。学院组织的"青春战'疫'为祖国"的视频征集活动、"青春告白祖国"的摄影作品征集活动在线上成功开展，鼓励学生以图片、短视频、微电影等多种形式来积极发掘身边的感动与美好，疏解学生疫情期间长期居家的心理压力；让学生在搜集整理图片、视频的过程中增强自己的民族自豪感，深刻体会我国的制度优势；让更多人被感动、被鼓舞，切身感受祖国的强大，让正能量在网络空间不断传播。

第四，利用网络新媒体提供就业服务。疫情期间，学校各类现场毕业生招聘活动被迫暂停，学院严格贯彻落实党中央、国务院以及省教育厅和学校疫情防控工作的部署和相关工作要求，提供就业信息。由于无法提供面对面就业服务，学院主要依托腾讯会议、微信公众号、微信群组、QQ群组等网络平台，以就业动员会、实习指导会、经验分享会、就业帮扶小组、就业信息推送、网络就业指导课、一对一视频指导等形式建立就业网络阵地。线上的各类就业指导，有助于毕业生了解时下经济形势和就业形势，建立正确的择业观、就业观，同时根据自身特点理性分析、选择意向单位；提升毕业面试技能，教授线上面试经验，实现摄像头前进行良好的自我展示；此外，通过对毕业生就业意向的调查，根据行业和岗位类别对毕业生进行分组，搭建交流分享平台，同时安排就业信息推送员每日分类推送高质量招聘信息，尽可能提供便捷化、精准化的就业服务。

第五，坚持在学院微信公众平台推送优质文章。积极推送学校、学院实时动态，疫情防控、心理健康、锻炼运动等多方面新闻和知识，以及疫情期间的感人事迹等内容，引导学生正确认识时下抗疫形势，舒缓心理压力，积极锻炼身体，深刻体会突发事件下我国的制度优势，切身体会民族自豪感。

三、工作思考与努力方向

思想政治教育必须依赖改革创新，在接下来的实践教育工作中，要更加坚定以德育人的信心理念，坚持实践育人，服务学生全面发展，提高实践活动的多样性和互动性，保障疫情期间教育现代化工作建设。

继续有序推进网络思想政治教育的实践活动，与专任教师密切联系，及时了解平台运行效果、学生出勤情况，疏解学生情绪、维护正常教学秩序，确保停课不停学，保障学生学习和生活不受影响。

深入强化思想政治教育研讨，将疫情防控中的爱国主义、生命价值观、社会责任感等教育元素全面融入思政教育体系当中，形成每堂思政课讲好疫情防控的专题教案，在以后的思政课教学中开展生动的案例式教学，引导学生形成与祖国命运休戚与共的意识。

策划开展"学生心理健康"专题教育活动,减轻疫情可能产生的心理干扰和心理危害,帮助学生以积极的情绪应对疫情,提高抗挫能力,及时调整负面情绪,以相互关爱、积极向上的健康心态正确面对世界形势的变化,同时也让学生们感受到学校、学院是温润心灵、促进成长的肥沃土壤。

赓续红色血脉 提升"十项能力"
——金融学院扎实推动党建工作质量提升

黄小妹

（金融学院）

新时代孕育新思想，新思想呼唤新担当。中南财经政法大学金融学院把"为党育人，为国育才"牢记心中，把培养德智体美劳全面发展的经济人才这一任务扛在肩上，坚持以党建为抓手做好育人大文章。征途漫漫，初心如磐，金融学院不断在增强党建工作的导向性、先进性、创造性上下功夫，形成了"红""实""活"的党建文化，夯实了"星火计划"党建载体，打造了"六个红色"党建品牌，引领金融学子在红色基因的传承中、在红色文化的浸润下，承爱国之情，立强国之志，绽青春之彩。

一、"红"字铸魂,在增强导向性上下功夫,让党建文化"立起来"

(一)共擎一面旗帜凝心聚力,提升党建工作向心力

一个没有精神力量的民族难以自立自强,一项没有文化支撑的事业难以持续长久。金融学院高举习近平新时代中国特色社会主义思想这面旗帜,将深入学习贯彻习近平新时代中国特色社会主义思想融入组织建设、理论学习、党团活动等具体实践中,在学生中掀起学习、践行习近平新时代中国特色社会主义思想的热潮。此外,注重挖掘学校红色基因的精神内核,以湖北省党建品牌"三进一访"为平台,深入实施"同梦金融"工程,构筑精神文化、实践文化、环境文化共促共进的党建文化体系,引领全院师生成为习近平新时代中国特色社会主义思想的坚定信仰者,成为爱党爱国、爱校荣院的笃实实践者。

(二)共扬一种精神告白祖国,提升党建工作引领力

爱国主义情感让我们热泪盈眶,爱国主义精神构筑起民族的脊梁。金融学院坚持赓续爱国主义传统,弘扬爱国主义精神,通过强化仪式礼仪、紧抓教育契机、营造浓厚氛围开展爱国主义教育。一是定期举办升旗仪式,通过主题朗诵、高歌《我和我的祖国》,激发师生爱国之情、报国之志;二是把爱国主义教育开展在平时,广泛开展"我爱你,中国"

三行情诗、"阿中"红色映像展等"礼赞祖国"系列活动，引领师生挖掘国家发展带来的新气象、新景象、新形象，进一步坚定"四个自信"。

（三）共承一个基因立命安身，提升党建工作生命力

不忘历史才能开创未来，善于继承才能善于创新。金融学院始终不忘学校"办人民需要的大学"的初心使命，牢牢把握正确办学方向，把党的领导贯穿到办学治院全过程，传承并发扬好中南大红色基因。一是举办"周骏学术思想研讨会"和"典型在身边——传承周骏金融学术思想、扎实推进一流学科建设"活动，传承"中国金融学科终身成就奖"获得者周骏教授为学典范，推进全院教师立足中国大地发展金融理论、培养金融人才；二是实施"文澜金融一流学科建设优本计划"，推动学术科研骨干走向育人一线，贯彻办学理念，提升育人成效；三是加强革命传统教育，积极组织师生赴延安、酒泉、正定等革命老区开展"红色实践"，接受革命传统教育，强化实践体验认知，增进对红色文化的认同，增强师生历史使命感和社会责任感。

二、"实"字筑基，在增强先进性上下功夫，让党员"动起来"

（一）共育一支力量加强保障，提升党建工作组织力

一是强化青年委员选拔机制，发挥"头雁效应"。加强

青年委员的配备、培养工作，广泛吸纳学生党支部书记、学院分团委学生骨干等力量加入党建工作中，充分发挥青年委员的"领头雁"作用，实现党组织的全面覆盖、全面引领和全面融合。二是强化党员教育培养机制，夯实建设基础。坚持教育培训与学生思想需求相结合，构建分层次教育培养体系。打造开学第一课、新生入党导航、党员发展教育培训、毕业生党员座谈会和毕业生离校教育专题党课一体贯通式的教育培训体系，切实保证党员发展质量、强化学生党员政治担当。三是强化党建带团建，引发"蝴蝶效应"。以党建引领团建，坚持党团互促，以两个"全国高校活力团支部"为引领，深入开展"红色风采"支部风采大赛，激发基层党团组织的活力，充分强化基层组织在凝聚青年、团结青年、引领青年中的堡垒作用。

（二）共举一个武器强化武装，提升党建工作支撑力

一是抓好主渠道。学院启动课程育人改革计划，每年投入24万元，成立13支课程教学改革团队，全面推动"习近平新时代中国特色社会主义思想"进课堂，推动思政课程走向课程思政。二是建好主阵地。结合不忘初心、牢记使命主题教育，把深入学习贯彻习近平新时代中国特色社会主义思想与支部日常学习、工作实际相结合，依托支部主题党日、三会一课、主题团日、青年大学习等活动，学深悟透习近平新时代中国特色社会主义思想。三是用好主力军。持续实施"党建

与思想政治工作质量提升"计划，深入开展"同育课堂"，强化辅导员、专任教师等育人力量协同协作，以党建工作的广阔平台实现一流学科、专业教育与思政教育协同推进，实现思想政治教育与知识体系教育的有机融合、同轨并行。

（三）共筑一个共同体协同协作，提升党建工作聚合力

围绕学生成长需求，整合育人资源，挖掘挖深组织育人力量源泉。一是行业牵头。搭建了"中国金融与投资论坛""中国投资学年会"等学术平台，深化教育实践，发挥行业优势，开阔学生视野。二是地方引领。以湖北省协同创新中心、湖北金融研究中心、滇西金融研究院和温州市金融研究院为载体，实现学科发展与国家战略相匹配、与地区发展相结合，引领学生立足中国大地锚定人生航向。三是校友助力。依托"文澜金融论坛""校友领航""成长导师"等品牌活动，邀请学界校友代表来学院开展专题学术讲座，开设"南舍·驿站"支持应届毕业生求职就业，发挥校友育人作用，促进学子成长成才。四是企业支持。协力共建"汉口银行班""长江证券班"等实习基地，深化校企合作，提升学生实习实践创新能力。五是家校同行。把握思想政治教育工作契机，充分利用党建平台开展学生家访、新生家长见面会、家校共育座谈会等活动，凝聚党建文化育人的坚强合力。

三、"活"字着力,在增强创造性上下功夫,让实效"强起来"

(一)共亮一张名片明确定位,提升党建工作创新力

明确党建育人功能定位,服务党建育人职责使命,结合学院工作实际,深入开掘整合学院党建育人资源,打造"红色讲台""红色之声""红色映像""红色实践""红色先锋""红色风采"六个"红色"党建新品牌,进一步充实"星火计划"党建载体内涵。"红色讲台"旨在强化党员理论武装,发挥党员先进示范作用;"红色之声"旨在引导学生正确认识发展大势,正确认识使命责任;"红色映像"旨在重温红色经典,挖掘文化底蕴,传承红色精神;"红色实践"旨在带领党员重温红色历史,体悟红色精神,传承红色基因,坚定理想信念;"红色先锋"旨在强化朋辈教育,突出示范引领,深化教育效果,营造浓郁氛围;"红色风采"旨在团结青年力量,繁荣组织文化,引领青年思想,展现红色风采。学院扎实开展六个"红色"建设,做实党建育人建设的内涵成效,引领带动广大学生坚定理想信念、站稳人民立场、练就过硬本领、投身强国伟业。

(二)共写一份答卷凝聚共识,提升党建工作感召力

坚持树好身边的典型,做好宣传,塑造好育人环境。金融学院连续组织召开"三全育人"之"星火计划"本科生综

合表彰大会，系统总结组织育人、实践育人、网络育人、心理育人、文化育人等"六同工程"的成果，将党建文化育人的种子播撒到广大师生内心深处并使其生根发芽；尊重学生认识规律和学习习惯，以先进事迹分享的形式，以身边人、身边事影响学生，以榜样的力量感召学生，以正能量、主旋律引领学生树立正确的世界观、人生观和价值观，提升党建育人的针对性和实效性。

（三）共商一种模式资源共享，提升党建工作发展力

坚持把组织育人的建设目标和建设任务融合起来，化无形为有形，变抽象为具体。学院以党建工作为纽带开展支部结对共建，探索组织育人的新载体，挖掘党建引领的新能量，先后开展了保险系教师党支部与学生党支部、学生党总支与中建三局杨泗港项目党支部企业结对共建活动，与工商银行江岸支行进行了党建交流活动，与华泰证券湖北分公司共开"同育课堂"，打造"资源共享、优势互补、互带互动、共同提高"的党建工作新格局。以党建交流为契机开展支部参观交流，促进学生在与企业的"面对面"中认识国家发展大势、了解行业人才需求，坚定自身理想信念。

（四）共织一张网络联动覆盖，提升党建工作影响力

打造红色网络，抢占党建引领新平台。金融学院不断创新推动官方微信、微博等新媒体平台建设，举办"红色映像"作品展、十大新闻评选、十大宣传个人评选等活动，扩大党

建工作的网络阵地。一是加强队伍建设。着力培养红色记者团队,选任政治觉悟高、综合素质强的辅导员进行专业指导,邀请校党委宣传部等经验丰富的老师开展培训,提升网络育人硬实力。二是专注内容设计。紧密结合时代主题,精心设计"聚焦两会""优秀毕业生专访""红色先锋——战'疫'中的金融身影"系列主题活动,结合重要时间节点开展"礼赞祖国""学风建设月"等线上活动,彰显红色文化软实力。三是构建媒体矩阵。坚持政治引领和价值引领,建立学院、学生组织、班级团支部新媒体矩阵,打造思想引领媒体集群,用师生喜闻乐见的形式"讲好中国故事、讲好金融故事",使网络真正成为为学生传道授业、为金融人指明方向的有效工具。

春风化雨，润物无声
——学生工作案例

杨 茹

（法学院）

一、案例介绍

某日，小A同学因有生涯规划困惑来找辅导员，辅导员在和该生就规划问题进行详细探讨后，该生提出了保研的想法，也提到了暑假进行支教的经历，辅导员对其表示支持和称赞。该生提出因想锻炼自己的学生工作能力，想尝试竞选班委，辅导员给予了支持，鼓励其进行尝试。随后在班级班委竞选前，有学生和辅导员反馈，该生向班级同学宣称已经得到辅导员老师的支持，辅导员同意其做班长，希望班级同学投票给他。其他学生询问辅导员该事情的真实性，辅导员才得知小A同学的"豪言"。辅导员就该事情向班级原班委做出了解释，指出是鼓励其尝试，而不是希望班级投票通过其做班长。

随后在和班委就竞选事宜谈话时，辅导员将和小A谈话时的感受告知了班委，班委直指小A同学的问题，指出他在暑假支教时在明知没有经费支持的情况下依然坚持前往，事后因花费过多而要求负责人垫付工资，因此班级同学对他印象较差，选他做班委的可能性很低，同时也很诧异他的"两面派"行为。

意识到问题的严重性后，辅导员随后找到暑假支教项目负责人以及其他一起支教的学生了解情况，得知小A同学在知晓没有经费支持的情况下仍然坚持要去，并且因为工资问题还找了当地教育局，给支教的小学和支教团都造成了不好的影响。辅导员又找了小A同学的室友了解该生的日常行为表现，室友对其学习能力、学习成绩方面给予认可，但是对其他方面持保留态度。

二、原因分析

（一）思政教育的针对性和入心性不够

辅导员在日常开展工作时，多被事务性的工作缠身，思想政治教育工作开展得虽然多，但针对性和入心入脑性不够，所以导致个别学生的思想觉悟不高，出现案例中的错误行为。

（二）精致的利己主义者增多

笔者在和学生交流过程中发现，现在的学生普遍比较利己,很多时候都只想着自己,不考虑他人,特别是一些学习成绩较好的学生,往往更多地考虑自己的得失,什么对自己有利做什么,而不会为他人考虑,小A同学便是其中一个。

(三)奉献意识淡薄

在和小A聊天和谈话过程中发现该生很多时候考虑的都是自己,忽视其他人,缺乏奉献精神。在问及为什么想着去支教的时候,该生考虑更多的是对自己以后找工作或者保研会有帮助,而不是真正想去帮助当地的学生。

三、问题解决

(一)直接对话当事人,让其认识到自身问题

辅导员找到该生,直接将了解到的情况向该生说明,询问他对这些情况的意见。该生起初还在为自己辩解,稍后自己开始讲述认识到的问题。首先针对其支教时发生的事情,提出自己确实在知道没有经费支持的情况下坚持要去,并且不应该和支教负责人及当地教育局产生冲突,自己解决问题的方式不对;其次,对于自己对班级同学说辅导员支持其竞选班长一事,小A亦说自己因为比较想得到锻炼,所以没有考虑太多,自己存在错误;最后,小A同学在审视自己的过程中,主动提出,自己确实因为比较在意保研这件事,所以会存在较多只关心自己、看重对自己有益事情的情况,自己也因为太过功利而导致朋友较少,这对自己以后的长期发展

无益。他表示会调整心态，开阔眼界，不再局限于自己的小世界里。

（二）召开班委会会议，班委表明态度和立场

对于小A同学出现的问题，辅导员召集所有班委开展线上会议，明确指出当时确实提出鼓励小A同学进行选举尝试，但是并没有说让班级同学投票让其做班长。同时提出希望班委能平时多关心关注小A同学，对于他做得不合理不正确的事情应当及时指出来。班委们表示理解并赞同辅导员意见，同时也有班委提出该生虽然有点功利，但是可以通过其他方式对其进行合理引导。班委们也表示会私下和小A同学聊天，指出他的问题所在，努力帮助他改正。

（三）开展主题式思想政治教育

召开以"奋进新时代，放眼新未来"为主题的班会，共同研习时代精神，展现青年责任担当。主题班会采取研讨形式进行，班级学生分为六组，设定六个主题，每组一个主讲人，每个主讲人就本组的主题内容进行讨论。设定的六个主题分别为：①抗疫精神；②平凡青年如何展现时代精神；③脱贫攻坚精神；④如何体现爱党爱国；⑤新时代学生干部的责任与担当；⑥崇法尚德、公正为民。辅导员在和小A同学充分沟通后，将其编入平凡青年如何展现时代精神这一讨论小组。小A认真聆听了同学们的分享，又在本小组内进行了自我分享，较为深刻地剖析了平凡青年如何本着奉献、奋进的态度

进行拼搏,态度诚恳认真。

(四)引入团体辅导式的思想政治教育

团体辅导的方式经常用于日常教育管理工作中,因此辅导员本次也采取了该种方式。因学院有习近平思想青年研习社这一平台,研习社会定期进行学习讨论活动,辅导员借助该平台,将小 A 同学带入其中进行研讨学习。在辅导员的带动下,在研习社同学们的影响下,小 A 同学不断提升和超越自我,其理论水平和思想觉悟都得到了提升。

(五)结合劳育,提高理解他人的能力

在和小 A 同学充分交流后,征得其同意,安排他在空闲时间段来辅导员办公室值班。这让他看到了辅导员工作的内涵,让他看到了各班班委的奉献,让他看到了普通同学如何在为他人考虑。在日常和他人的接触中,小 A 同学的沟通协调能力得到了提升,同时也学会了多为他人考虑,体会到了帮助他人的快乐,小 A 表示获益颇多。

四、跟进与反馈

经过多种努力,小 A 同学认识到了自己的问题,也在不断采取方法改变自己。从和小 A 同学的多次交谈中能感觉到他本人的巨大变化,该生的思想政治水平得到提升,重要思想掌握透彻、理解清晰;在班级内部也愿意尽己所能地帮助

同学，虽然不是班委，却做着班委的事务，期末复习时多次和其他同学分享课程重点，得到同学们的好评；在寝室内会主动和室友进行交流，不再只关心自己，而是会关注其他同学的情绪和需求；针对支教中出现的问题，该生找到负责人承认自己的错误，并且真诚道歉；该生在新学期的考试中获得年级第一的好成绩，并且带动班级其他同学好好学习，班级平均成绩明显提升。该生还表达了入党的想法，希望同学们能好好监督他，辅导员能好好引导他，争取早日入党。

五、体会与启示

（一）将微教育引入大思政

笔者在辅导员工作中一直重视思想政治教育，为了开展此项工作会进行多种准备，有时候有畏难情绪，怕在教育中出现问题，所以经常讲到的都是大理论，导致针对性不够。经过此事件，笔者认为很多时候我们可以采取微教育的方式，以身边的小人物、小事件为切入点，延伸到家国、理想信念、时代精神等方面，以便开展大思政工作。这样由小及大、由点及面的方式更能吸引学生，更能让思政教育入心入脑。

（二）有形思政与无形思政相结合

传统思想政治教育采取的都是言传的方式，借助座谈会、班会、讲座等形式开展，这样更加直接，但是也可能存在有些学生理解不够深入的问题,从而使得思政教育没有达到更好的效果。辅导员要以身作则,日常工作中做好自己,争取成为学生的榜样,让学生看到自己如何做到了为他人、讲奉献、爱国家等。笔者采取让学生来办公室值班、参与青研社学习分享等方式,让学生近距离接触辅导员、接触班委、接触最新理论精神等,让其从心底愿意改变自己,提升思想道德水平。亦可寻找学生中的朋辈模范,让他们带动同学们提升思想道德水平。

(三)善用"云思政"

高年级学生普遍存在课程较多的情况,又因疫情防控的需要,线下的大规模聚集减少了许多,此时应善用"云思政"的方式,采取线上的交流或者线上意见接龙表达等方式,对学生们进行思想政治教育。很多学生在线下活动中因为较为内向,发言较少,在线上活动中反而能放开自己,提出较好的见解,这对班级其他同学也是一种较好的引导。笔者在本次事件后第一时间和班委们进行线上交流,这种方式快捷方便,效果好,但在"云思政"的广度和深度方面还存在一些欠缺,在此后的工作中会重点改进。

辩真理、答人生
——寻求国家奖学金答辩中的育人价值

胡 瑶

（统计与数学学院）

一、案例综述

国家奖学金作为高校最高级别的荣誉奖项之一，其归属历来备受学生瞩目。因此，做好奖学金，特别是国家奖学金的评定工作，除了确保程序公平之外，正确的价值导向尤为重要。能否选拔出品学兼优、全面发展且能受到广大同学认可的奖学金获得者，这是一线学生工作者能否在学生中树立威信，高校立德树人根本任务能否真正落地的关键。这也是奖学金等各项评优、选拔工作中"德"字为先的原因。但是由于道德品质的内隐性，道德品质的考察在实践中往往难以深入，一般只能采取失德失范行为"一票否决制"的极端行为，却难以甄别在奖学金加分体系中占尽优势的"精致的利己主义者"与"两面人"。特别是在当前各大高校推进信息化建设的过程中,为了提升程序公平度与工作效率,奖学金的评定日益依靠系统、算法、成果、结果,而难以覆盖对"人"的全面考察。国家奖学金获得者自带"榜样"身份,同学们对于他们的道德品质也具有更高的期许。如果高校的评选机制不能选拔出德智体美劳全面发展的榜样典型,势必会导致学校育人权威减损,也将背离高校立德树人的育人初心。

二、解决思路与措施

在高校层面,当前国家奖学金评定办法的价值导向已经日益明晰——"德"字当先,在此基础上再考察能力的全面发展。问题在于在价值导向落地的过程中,由于评选流程设计的局限,对品德的考察有些无处安放,特别是这个流程设计还需识别出"道德榜样"。笔者认为,一个可行的优化路径是加强对候选人平时表现的考察。有人会说,许多学校综合测评中班级评定已经打分赋权,其中包含对学生平时表现的评价,但在操作层面为了保障班级评定的公允,规范班级权利的行使,班级打分往往依据班级台账,比如参加活动次数、为班级争得荣誉数等,却很难涉及人际关系或者是私德范畴。而这考察缺失的领域却往往是学生群体中人心向背的基础,或者说是广大同学对于国家奖学金获得者这样的榜样典型道德期许的核心部分。如果这一真空不能得到填充,高校人才培养中的思想引领工作将难以真正落地。因此,笔者考虑到考察这一群体平时表现的有效形式——答辩。首先候选人自述一年来的经历收获，再由师生评委提问、打分，答辩成绩加上之前的综合测评成绩为最终得分。需要特别指出的是，师生评委，特别是邀请学生担任评委尤为重要，因为学生是最了解学生的群体，候选人口碑如何、日常表现如何，学生评委往往心知肚明，如果得到适当引导，是可以较为真实地反映到答辩打分之中的。

当然，答辩具备有效性的前提是：①师生评委对候选人的平时表现有较为充分的了解，能够通过提问挖掘出候选人在道德品质方面的特点和不足；②评委打分客观公正；③答辩结果应当保有改变最终结果的可能性，否则就会丧失调节功能，但影响也不能过大，完全颠覆之前的排名秩序；④答辩设立的意图让学生充分知晓，这样才能有效发挥育人价值。

当然国家奖学金答辩的价值不仅仅是完善工作流程，如果组织得当，将"一石多鸟"，具备丰厚的育人价值。首先，选拔出德才兼备的国家奖学金获得者，为广大同学树立榜样；其次，展现学校立德树人的育人立场与学生工作者专业的职业形象；再次，通过引入评委和观众角色，培养学生参与基层决策的意识与能力，提升学生"三自教育"水平；最后，对国家奖学金候选人也是一种必要的考验，只有真正有理想、有担当、有道德、有情怀的学生才是师生共同认可的国家奖学金获得者。

笔者以某学院某年级国家奖学金答辩的具体实施为例，

介绍如何通过答辩发挥育人功能。

（一）国家奖学金评定办法简介

除热爱祖国、遵纪守法等基础条件外，国家奖学金申请的基本条件是：学习成绩优异，上学年所修读课程的平均成绩排名位居年级专业前10%，加权平均成绩在88分以上。满足上述资格条件后，国家奖学金的获得则由所在专业的综合评价排名决定。综合评价由基本素质评价、知识水平评价和能力评价三部分构成。评价成绩按百分制计算，具体如下：

综合评价＝基本素质评价×15%＋知识水平评价×55%＋能力评价×30%。

其中，有关"德行"的考察放在基本素质评价部分，其中包含思想政治表现、道德品质修养、组织纪律观念、身心健康素质4个分项，每个分项基准分为25分，共计100分。思想政治表现的扣分项是通过是否无故不参加集体学习活动体现，而道德品质修养的扣分项则是：不讲社会公德、故意损坏公物或破坏环境经查实；不负责任、不讲诚信，造成一定负面影响和不良后果经查实；寝室卫生检查不合格等。这样的底线思维评价方式显然无法满足广大同学对于国家奖学金获得者爱党爱国、勤学上进、乐于助人、谦虚友善等人格、道德方面的角色期待。且根据该计分体系运行以来的实际情况看，基本素质评价难以在国家奖学金候选人之间拉开差距，真正能拉开差距的是知识水平评价和包括科研创新、专业技能、文体特长、社会工作、社会实践在内的能力评价加分上。应该说，该综合评价体系在全面发展的平衡性上已经较为出色，但薄弱环节仍然是对德行的考核，这也是当前奖学金评价体系改革的难点。

（二）基本做法

设计原则：由于前期综合排名采取了量化考察方式，答辩作为考核中的一环必须也采取量化形式，根据实际情况采取百分制，并与前期综合分统筹安排权重。根据对符合资格条件的综合分进行极值分析，答辩打分的区间范围应与综合分极值保持一致。一方面，使得答辩得分能够充分影响最终结果（即在极端情形下实现排名逆转）；另一方面，又保证答辩得分不完全颠覆前期排名，使得答辩比重过于失调。

答辩打分＝价值伦理态度×30%＋人格品质×30%＋平时表现×30%＋现场表现×10%。

价值伦理态度主要考察候选人的政治素养、道德伦理观念；人格品质主要考察候选人的人格特质、道德品质；平时表现主要考察候选人在日常学习生活中的行为表现和师生的口碑评价。由于评委对候选人都较为了解，所以这三方面的打分不仅包括候选人的现场陈述，同时也基于对候选人的日常了解，这也是答辩重点考察候选人平时表现的关键。

答辩形式：自我陈述＋评委提问。

参与人员：① 符合资格的候选人；② 评委，包括老师（辅导员、班主任、团委书记等)和本年级各班评定小组成员(每班3人,一般应包括班长、团支书);③观众(一般为本年级同学自愿参加,观众角色的引入是对候选人和评委的双重约束);④工作人员。

制度设计:

(1)为确保评委独立打分,不与其他环节发生关联,候选人、评委与观众事先并不知道答辩环节的预设权重;候选人基本情况介绍中抹去有关成绩排名等信息,避免因知道前期综合分与权重,刻意提分或压分的情况;

(2)由于需要评委独立出具评定意见,答辩开始前评委手机、电脑等电子设备集中保管,避免班级间串通与交流;

(3)为避免个人评分的随意性,要求以班级为单位经全体成员充分合议后打分并出具不少于100字的评定意见,同时限定一般情况的打分区间,以确保答辩环节的调控力度适当;

(4)开场前,对候选人、评委及观众分别阐明答辩流程及意义,确保各方明确各自角色的价值及答辩活动的初衷,提升育人成效;

(5)答辩结束后,根据预设权重现场出分,确保答辩全程公开透明、高效准确;

(6)提问要侧重对候选人政治素养、价值观念、道德品质、行为模式等方面的深入挖掘。比如,对中美贸易战的了解和观点,大学期间最有成就感/最遗憾的事情是什么,父母对你的期待是什么,班级骨干和团学骨干的区别,你曾经帮助过的一个人，等等。

三、案例思考与启发

经过试点和推广，笔者也从答辩活动的开展中收获了以下思考和启发。

（一）制度设计

答辩流程及设计意图在答辩正式开始前分别与工作人员、评委、候选人与观众阐明，帮助其更好理解奖学金评定初衷、制度设计初衷，也是提前对候选人做好心理与思想工作，并对评委阐明打分要求，帮助其正确理解答辩规则，公正客观做出评价。

（二）角色扮演

辅导员作为制度设计者，在答辩中设定了四种参与角色，分别是：具备参评资格的候选人，来自班级评定小组的奇数名评委，答辩工作人员（分别负责计时提醒、候场安排、分数统计等工作），还有具备监督功能的观众。在答辩活动中，参与学生暂时脱离平时的同学角色，承担起不同职责，在制度设计者的引导下进行角色扮演。角色扮演是否成功则取决于答辩组织者对学生扮演角色的定位讲解是否到位。展示自我的候选人在进行平时表现阐述后，评委进行提问与追问，并根据答辩情况以合议打分、提出评定意见。不同于更为常见的学生组织述职答辩、文体学术竞赛等活动，奖学金答辩的评委、工作人员与观众都获得全新的体验，角色扮演有助于学生通过角色采择提升对社会活动的认识，并增强对他人的同理心。即便对于候选人，答辩中的提问也是精心设计的，不同于竞赛答辩，提问中所蕴含的人文张力也促使在场所有人进行思考。置身答辩情境，任何角色的参与者都会不自主模拟角色交换，思考"我会如何回答这些问题"，"我是一个怎样的学生"，"我想要成为什么样的人"这些问题，触发理想信念，引发重要思考。此时，老师作为主评委，给予适时的点评引导就显得尤为重要。

（三）提问点评

老师作为主要评委，提问的内容、方式及适时的点评也是价值引导的关键方式。比如在对"你帮助过的一个人"的回答中，有的同学只能讲出帮助同学解答某道题目的经历，有的同学却能回忆起与他人共同成长的经历。通过他们叙事的措辞和肢体语言、面部表情，也能够大体判断出一个人的格局和这位同学是否具有乐于助人的品质。再比如，对于一个同时具备班级骨干和团学骨干工作经历的人，让其比较两个工作/角色的区别，也能从侧面看出这个同学是否是真心投入这些工作。适时的追问能够卸下候选人在压力状态下的防备，帮助其吐露心声，发现其平时尚未展现的一面。

另外，点评环节是答辩环节的"画龙点睛"之笔。其中传达的政策、理念会由在场同学迅速传播于全体同学之中，引发进一步的发酵讨论。正因为此,答辩结束后的复盘讨论也必不可少。对学生存在的不解之处、疑惑之处,必须进一步辨析、澄清。

(四)研讨复盘

事后复盘研讨主要面向被淘汰的候选人、重点评委与观众,以及一段时间后未到场的其他同学。他们的声音也需要倾听,以便了解答辩活动在一般同学中的辐射效应。最后,综合判断此次工作的成绩与不足,并与学生坦诚沟通。

构建有温度的朋辈心理支持圈[①]

余金聪 葛明

（党委学生工作部、人民武装部）

2017年，教育部发布《高校思想政治工作质量提升工程实施纲要》，提出要大力促进心理育人，建立"五位一体"心理健康教育工作格局和"四级"预警防控体系。2021年，《教育部办公厅关于加强学生心理健康管理工作的通知》强调，心理委员是"学校—院系—班级—宿舍/个人"四级预警系统的一支重要力量，在心理健康教育工作中起着重要作用。近年来，中南财经政法大学（简称"中南大"）高度重视心理委员队伍建设工作，通过管理机制建设、文化内涵建设、课程体系建设、激励机制建设、活动平台建设、理论研究建设六大举措，打造心理委员队伍全方位、立体化培育模式；通过融合心理委员学习者、体验者、践行者三重角色，建构

[①] 本文为教育部高校思想政治工作精品项目"'五级金字塔'——心理育人的实践与创新"的阶段性成果。

以点带面的心理育人途径,依托朋辈力量实现心理健康教育工作的全员覆盖。

一、完善体制机制,明确职责任务

学校成立学生工作指导委员会,统筹领导全校大学生心理健康教育工作。学工部心理中心负责学校心理健康教育的教学活动、教育活动、咨询服务、心理危机预防与干预和工作保障。各学院具体负责大学生心理健康教育工作的开展,成立二级心理健康教育工作站,班级设立心理委员,本科生心理委员100%全覆盖。学校自2008年建立心理委员制度,2016年启动心理委员队伍建设专项工作,注重心理委员队伍的品牌化、科学化、标准化和规范化建设。心理中心通过日常培训、技能培训、素质拓展、榜样引领等形式,明确心理委员工作职责,提升工作能力,增强队伍建设效能。

学校对心理委员实行分年级统一管理,明确大学生心理委员是学校心理健康教育工作队伍的有机组成部分,承担宣传知识、组织活动、观察动态、报告风险、打造品牌等工作职责,在大学生心理健康教育活动体系、危机预防与干预体系中扮演着不可或缺的角色。心理中心建立培训考核制度、日常考勤制度、评奖评优制度等,实现心理委员工作规范化管理;岗位设置上,要求每个班级设立心理委员1名,连任4年,纳入班团学生干部体系。建立心理委员工作群,实行统一管理、培训和考核,加强心理委员与心理中心的联结,提升团队归属感。每年组织心理委员实地参观心理中心，由高年级心理委员担任解说员，通过实地参观了解心理中心的发展历史、所获荣誉、专/兼职教师队伍、心理咨询预约流程、心理健康教育活动体系等内容，实地参观预约接待室、个体咨询室、团体咨询室等功能室，有效地促进心理委员架起心理知识学习者与传播者之间的桥梁。

二、注重文化内涵，塑造品牌价值

文化具有统一思想、凝聚共识、推动发展的功能。学校心理中心立足于"用生命影响生命"的工作理念，充分发挥体育、美育、劳动教育以及校园文化的重要作用，打造"中南大心委"育人文化品牌，形成"中南大心委，我选择，我自豪"宣传标志，创作心理中心原创宣传歌曲MV《我在》，培育积极健康向上的文化氛围，传播温暖、搭建桥梁、共促健康。在加强文化内涵建设同时，实现心理育人文化创造性转化和创新性发展。

心理中心在官方公众号"晓南心语"上打造"心委时间"特色专栏，集中展示"中南大心委"相关工作，涉及培训、知识回顾、比赛、荣誉展示、全国百佳/校级十佳心委风采展示、主题心理班会优秀策划作品展示等内容，目前该栏目已汇集63篇原创推文，既拓宽了学校心理委员工作的影响面，也通过可视化的方式吸引全校师生对心理委员队伍的关注和认可。同时，心理中心打造"星语心愿"特色栏目，每天定时制作心理学常识科普图片，通过心理委员发至班级群中，借助新媒体实现心理健康教育宣传工作的全覆盖。

三、实施课程化培训，提升专业胜任力

针对大学生心理委员心理学基础知识和技能储备不足的现实情况，心理中心采用线上与线下相结合的模式，实施分层分类的个性化、针对性培训，以心理委员胜任力理论模型和体验式教学理论为基础，从知识、技能、成长和实践四个维度精心设计心理委员培训课程，打造阶梯式成长的培养模式，形成线上慕课认证培训课程、基础训练营和精英训练营三个子项目的"心理委员胜任力提升工程培训体系"。

线上慕课认证培训课程由"高校心理委员工作平台"发布，共计14个专题，4周内完成，纳入学校"第二课堂成绩单"管理。基础训练营主要面向新生心理委员，每周进行1次集中培训，共计8次课程，每次1.5小时。精英训练营主要面向高年级心理委员，每周1次，每次1.5小时，共计10次课程，采用小班制精英式教学，集培训、应用、督导为一体。培训课程包括团队建设、心理委员的工作职责、心理委员会谈技能、心理危机的识别与应对、常见心理问题的识别与应对、主题心理班会的策划与组织、心理委员素质拓展能力提升、全国百佳心理委员工作经验分享等。教学形式上突破了传统的"灌输式"教育，采用体验式教学，包括团体游戏、头脑风暴、冥想体验、角色扮演、观看视频、案例分析、情景短剧、体

验分享等形式。

目前，心理中心已连续3年组织线上慕课认证培训，500余名心理委员获得证书；开展3期基础训练营、5期精英训练营，共计84场线下培训，累计培训近5000人次。5年来，共有20余名心理委员向心理中心报告自己身边同学可能存在的心理危机风险情况，经过心理中心专业评估后，共有8人被列为危机干预支持对象；另有3人是校外同学，在心理委员报告后，心理中心即刻通过校际联动促使对方高校迅速启动危机干预程序，曾成功预防一起大学生自杀事件。

四、建立榜样引领，发挥示范作用

为了树立先进典型，传播积极的心理健康教育工作理念，心理中心制定《中南财经政法大学心理委员先进个人评选办法（试行）》，连续3年组织心理委员先进个人评选活动。心理委员先进个人包括"优秀心理委员"和"十佳心理委员"两个类别，优秀心理委员由学院心理健康教育工作站推荐，十佳心理委员候选人由学院心理健康教育工作站推荐，心理中心组织材料评审、网络投票和现场答辩，最终确定十佳心理委员人选。同时，心理中心在十佳心理委员基础上遴选推荐参评"全国百佳心理委员"。

截至2021年，心理中心表彰十佳心理委员30人、优秀心理委员99人，3名学生分别获评第二、三、四届"全国百佳心理委员"荣誉称号，2名学生分别获第三、四届"全国百佳心理委员提名奖"。为充分发挥全国百佳心理委员和学校十佳心理委员的示范引领作用，心理中心在心理委员培训课程中，设置全国百佳心理委员经验交流分享环节；在学校十佳心理委员候选人的现场答辩中，组织低年级心理委员现场观摩学习。

五、搭建活动平台，培养积极心理品质

为了充分发挥心理委员主体作用，通过富有趣味性、体验性和专业性的活动实现以点带面的班级心理育人工作，心理中心精心打造主题活动，形成健康积极向上的校园文化氛围。心理中心在面向新生心理委员的培训中，设置"主题心理班会的策划与组织"专题系列培训，以"班级凝聚力提升""与压力的和解之旅""爱情准备"等为主题，通过带领心理委员体验专业的主题心理班会的策划与执行过程，实现在学习中体验，在体验中收获。心理委员通过参照标准化策划方案，在班级开展主题心理班会活动，促进班级破冰，增强班级凝聚力，提升班级同学的心理健康素养水平。

心理中心面向心理委员组织开展主题心理班会策划大赛。在赛前指导培训中，着重强调心理学理论依据的重要性，同时告知查阅理论知识的途径。理论框架决定了主题心理班会活动的导向和科学性，唯有以正确的心理学知识作为支撑，

才能保证心理班会活动真正有效地发挥心理育人实效。心理委员作为组织者，他们在活动过程中也在进行自我教育。在实践环节，心理中心强调心理班会活动各个部分的体验性、可视性、发展性、积极性和适用性，力求打造出富有趣味性、喜闻乐见、学生接受度较高的主题心理班会策划方案。

心理中心已依托大赛初步形成涵盖"自我探索与认知""积极心理素养提升""大学生恋爱""寝室关系""新生适应""人际交往""学习心理""个人规划"等主题的范本级策划方案，为进一步规范和提升心理班会的针对性和实效性，营造良好的班级心理健康文化氛围奠定了坚实基础。心理中心将面向心理委员进行上述方案的集中培训，并组织心理委员在班级中参照相应的策划案实施活动，依托心理委员从朋辈互助的视角形成以点带面的心理育人工作新模式。

六、深化理论研究，推动标准化建设

心理中心高度重视心理委员队伍培育的科学化设计，以心理委员胜任力理论和体验式教学理论为基础，精心设计培训课程，并采用对照实验研究设计的方式，根据量化和质化指标评估培训课程的实效，并根据研究结果及时优化培训课程内容。截至2021年，心理中心承担了心理委员工作相关的省级和校级课题各一项，课题类别和名称分别为：湖北省高校学生工作精品项目"体验式教学在高校心理委员培训中的应用研究"（编号：2018XGJPX3014）；中南财经政法大学中央高校基本科研业务费专项资金资助项目"'六个一行动'——基于朋辈教育的大学新生适应能力提升策略研究"（编号：2722020SQY07），两个项目均已结项。心理中心已发表与心理委员工作相关的学术论文6篇，其中一篇在全国会议中荣获三等奖，工作团队正在基于学校的实务工作经验编写心理委员培训校本教材。工作成果在湖北省第四届心理健康教育优秀成果评选中荣获课程教学类优秀奖，有力推动学校心理委员队伍的标准化建设和科学化发展。

经过五年的努力，心理中心打造的"中南大心委"育人文化品牌逐步深入人心，已广泛被学校心理委员、普通学生及业内同行接受，在湖北省及全国范围内形成较强的影响力和示范作用。2019年，学校获评"全国高校心理委员研究协作组理事单位"。2020年，学校获评"全国高校心理委员工作示范单位"。2021年，学校成功申请到第十八届（2023年）全国高校心理委员工作研讨会承办权。学校受邀在全国第十四届、十五届与湖北省第一届高校心理委员工作研讨会，以及湖北省高校心理健康教育工作培训与研讨班（示范中心发展专题）上做经验交流报告，受邀为20余所省内外兄弟高校的心理委员开展专题培训，并多次向来访的兄弟高校介绍工作经验。

学校通过五年的心理委员队伍建设，采用理论与实践、线上与线下、工作与研究的"三结合"培育模式，全面推进学校朋辈心理健康教育工作的开展,在心理危机预警、树立朋辈榜样、营造校园文化氛围、推进工作标准化发展等方面取得显著成效。未来,我们将继续砥砺前行,让"中南大心委"更好地成为全校学生心中有温度的朋辈心理支持力量!